U0907510

生态文明视野下的
环境法理论与实践发展研究

桂芳玲 著

九州出版社
JIUZHOUPRESS

图书在版编目(CIP)数据

生态文明视野下的环境法理论与实践发展研究/桂芳玲著.--北京:九州出版社,2020.5

ISBN 978-7-5108-9102-1

Ⅰ.①生… Ⅱ.①桂… Ⅲ.①环境保护法—研究—中国 Ⅳ.①D922.680.4

中国版本图书馆 CIP 数据核字(2020)第 066493 号

生态文明视野下的环境法理论与实践发展研究

作　　者　桂芳玲　著
出版发行　九州出版社
地　　址　北京市西城区阜外大街甲 35 号(100037)
发行电话　(010)68992190/3/5/6
网　　址　www.jiuzhoupress.com
电子信箱　jiuzhou@jiuzhoupress.com
印　　刷　北京亚吉飞数码科技有限公司
开　　本　787 毫米×1092 毫米　16 开
印　　张　11.75
字　　数　211 千字
版　　次　2021 年 3 月第 1 版
印　　次　2021 年 3 月第 1 次印刷
书　　号　ISBN 978-7-5108-9102-1
定　　价　62.00 元

前　言

近年来，环境问题的重要性越来越为世人所认知，人们也开始重新思索经济增长与环境保护的关系，谋求人与自然的和谐相处。生态环境是人类最好的资源禀赋，也是决胜未来的核心竞争力。

保护环境是我国的基本国策，事关人民群众根本利益。党中央高度重视生态文明建设和环境保护工作。党的十八大把生态文明建设放在突出地位，纳入中国特色社会主义现代化建设的总体布局。十八届三中全会、四中全会又进一步提出要求，要加快生态文明制度建设，用严格的法律制度保护生态环境。习近平总书记明确指出，保护生态环境必须依靠制度，依靠法治。只有实行最严格的制度、最严密的法治，才能为生态文明建设提供可靠保障。2018 年 5 月，习近平总书记在全国生态环境保护大会上再次强调，生态环境是关系党的使命宗旨的重大政治问题，也是关系民生的重大社会问题。用最严格制度最严密法治保护生态环境，加快制度创新，强化制度执行，让制度成为刚性的约束和不可触碰的高压线。

本书立足于建设生态文明的实际需要，以生态文明理念为指导，对我国现行环境法理论与实践发展进行研究。第一章为生态文明与环境法治基本理论，分析我国特色生态文明建设的发展、问题以及生态文明与环境法治的关系。第二章为中国环境法治建设历程，研究改革开放以来的环境法治发展进程、科学发展路径下的环境法治建设及成绩。第三章为环境立法基本问题，主要对环境法的体系问题和基本原则问题进行探讨。第四章为环境法制度的完善与构建，包括环境保护公众参与法律制度的完善、环境公益诉讼法律制度的构建、生态补偿法律机制的构建、排污权交易制度的法律完善、环境税法律制度的完善等方面。第五章为环境法律责任研究，对环境法律责任的基本范畴问题，环境法律责任的特征、历史沿革及发展趋势，环境法律责任的内容问题进行研究。第六章为环境污染防治法研究，探讨环境污染防治法立法问题、环境要素污染防治法律问题、有毒有害物质污染防治法问题等方面。第七章为生态环境保护法研究，分析生态环境保护法立法问题、环境要素资源保护法律问题、生态空间保护法问题等方面。

在本书的撰写过程中，参阅和借鉴了许多法学、哲学等方面学者的大量研究成果，在此一并向他们表示诚挚的谢意。由于作者能力有限，书中疏漏、错误之处在所难免，还望各位专家、读者给予批评指正！

作　者

2020 年 1 月

目　录

第一章　生态文明与环境法治基本理论

生态文明建设是我国当前面临的一个重要建设工程，习近平总书记在党的十九大报告中明确指出，“建设生态文明是中华民族永续发展的千年大计”。推进生态文明建设，我们需要吸收优秀的生态文明思想，在此基础上，结合我国国情制定具有中国特色的方针和政策，不断加强环境法治建设。

第一节　生态文明概述

2018 年 5 月，习近平总书记在全国生态环境保护大会上强调：“中华民族向来尊重自然、热爱自然，绵延 5000 多年的中华文明孕育着丰富的生态文化。生态兴则文明兴，生态衰则文明衰。”[①]生态文明是人类文明发展的一个新的阶段，推进生态文明建设，构建人与自然的和谐关系是推动现代社会可持续发展的基础。

一、马克思恩格斯的生态文明思想

（一）马克思恩格斯哲学中的生态思想

在马克思恩格斯哲学思想中，有很多关于生态文明的思想观点，更全面、深入地探讨了人与自然、人类史与自然史之间的关系，对人们陈旧的生态观念造成了冲击。马克思恩格斯肯定自然相对人所具有的先在性，自然是人生产和发展的前提和基础，人不仅来自自然，更是自然的一部分，不能脱离自然而存在，同样，人类社会的发展也离不开自然界。但是在这一前提和基础下，人所具有的主观能动性是不容忽视的，人类特有的劳动实践使得人对自然来说成为一种能动性与受动性的统一的存在，也使得人类史与自然史相统一。

---

① 习近平出席全国生态环境保护大会并发表重要讲话[EB/OL]. http://www.gov.cn/xinwen/2018-05/19/content_5292116.htm.

1. 自然是人类生存和发展的前提和基础

探讨人与自然之间的关系，首先要明确自然在马克思恩格斯哲学中的定义，马克思恩格斯并没有按照与之前相同的角度和方法界定自然这个概念。在旧唯物主义自然观中，自然界总是被视作独立、自在的存在，与人类社会相对立而居，更被视为本原，在时间与空间上的终极存在、不朽不灭，但是马克思恩格斯界定自然的概念时，是从人与自然的关系上进行说明的。

在直观唯物主义中，定义自然时忽略了人的作用，但是马克思恩格斯却在对自然界进行定义时充分考虑了人在其中的作用，马克思恩格斯将人与自然结合在一起，讨论自然界的问题时是将其看作人类认识和改造的对象，而不是将其独立看待，以此为基础形成了"人工自然"的概念。按照他们的理论可以将自然划分为自在自然和人工自然，指出"被抽象地孤立地理解的、被固定为与人分离的自然界，对人来说也是无"①。人工自然是指经过人类改造的自然界，其是人类物质文明和精神文明的重要来源，按照马克思恩格斯的理论，只有与人发生联系的对象性自然才是真正意义上的自然，是我们需要研究的自然。劳动是人的本质，是区分人与其他动物的重要标准，而劳动也是划分人工自然和自在自然的标准。人工自然不仅可以为人类提供物质资料和精神资料，还可以作为人的实践活动的对象、工具和材料，因此，人工自然才是现实的自然，是从人类学角度而言的真正的自然。

人类的生存和发展必须有自然作为前提和基础，这是大家普遍认可的。对于自然界来说，人类是其发展到一定阶段时，在某种特定条件下形成的一种生物。可以从时间和空间两个层面解释人类产生之前就已存在的自然，时间上是指人类这一物种诞生之前就已经产生的自然史；空间上是指还未受到人类活动影响的自然领域。自然的发展与演变并不是在人类诞生后才开始的，而人类产生以来也在不断地发展与演变。人类诞生后，自然的发展过程与人类的发展过程相互影响，形成了彼此互动的发展轨迹。需要明确的是，人类首先是自然存在物，在此基础上才是社会存在物，马克思恩格斯在讨论人类与自然的关系时，并没有绝对化人类对自然的归属，他们认为人类并不完全是自然存在物，并不完全是肉体的、受动的、完全处于必然性之中的存在物。按照马克思恩格斯的观点，并不存在完全受控于自然的人，这样的人如果存在，那么将不具备生存和繁衍的能力。而自然于人类是先在的，因此人不可能完全脱离自然而存在和发展。从以上分析可以看出，自然于人类的存在和发展而言发挥着重要的基础和前提的作用，我们应该充分

① 马克思恩格斯全集(第42卷)[C].北京：人民出版社，1979，第178页.

肯定自然为人类历程作出的准备，以及人类和自然之间存在相互交织、相互影响的关系。

2.人是自然界的产物

马克思恩格斯不仅对自然界重新定义，同时也对人进行了重新定义，采用了与历史不同的角度和方法，在人与自然的关系中重新对人进行了概念界定。

马克思恩格斯从人与自然关系的角度来界定人。人是自然界的产物，是隶属自然界的一部分，作为自然的、肉体的存在物是与植物、动物一样的存在；但人作为感性的、对象的存在物却拥有智慧，具有追求自由的能力，即具有自然力、生命力、创造力的，是区别于动物的能动性的存在。马克思恩格斯认为："人本身是自然界的产物，是在自己所处的环境中并且和这个环境一起发展起来的。"①恩格斯认为："从最初的动物中，主要由于进一步的分化而发展出无数的纲、目、科、属、种的动物，最后发展出神经系统获得最充分发展的那种形态，即脊椎动物的形态，而最后在这些脊椎动物，在它身上自然界达到了自我意识，这就是人。"②恩格斯在《劳动在从猿到人转变过程中的作用》中也论述了人如何从自然而来，他明确指出是劳动让人从自然中产生并发展。人类通过劳动实现了生产制造，产生了语言和思维能力，在劳动的作用下猿进化为人类，毋庸置疑，劳动是区别人和其他动物的本质特征。

马克思恩格斯针对人是自然的产物明确指出，"人是自然界的一部分"，"自然界是人为了不致死亡而必须与之不断交往的、人的身体"③。首先，人类是自然界发展到一定阶段的产物，是产生于自然界的自然存在物，而并不是存在于自然界以外甚至是凌驾于自然界的存在。其次，马克思恩格斯强调了自然界与人的内在统一，也就是说，人不能脱离自然而生存和发展，这是对人的活动尺度的限定，人只可以在自然界这一范畴内生存和发展。通过对马克思、恩格斯的论证进行分析可以看出，人与自然相统一，二者存在密切联系，人的生命体必须与自然界实现和谐统一。但需要强调的是，马克思恩格斯所说的人是指具有自我意识的主体，这种自我意识在自然界中表现为人的主观能动性，这也是人与动物的区别，人并不会动物式的一味服从自然，而是会作用于自然，会与自然一同构成一个和谐的有机整体。恩格斯

---

① 马克思恩格斯选集(第 3 卷)[C].北京：人民出版社，1995，第 374－375 页.

② 恩格斯.自然辩证法[M].北京：人民出版社，1984，第 18 页.

③ 马克思恩格斯全集(第 42 卷)[C].北京：人民出版社，1979，第 95 页.

强调:“我们连同我们的肉、血和头脑都是属于自然界,存在于自然界的”[①],也就是说,认识诞生于自然界的自然存在物,是自然之子,正是在自然的演化过程中人学会适应环境,从猿演变为人,人的生存和发展必然是以自然界为前提和基础的。

由此可以看出,可以从两个方面理解人是自然界的产物这个观点,一方面,人是自然界发展的产物,表现为人类源于自然,二者隶属发生学意义上的关系;另一方面,人作为自然产物的同时却不可能脱离开自然,即自始至终隶属于自然界。

3.人与自然和谐一致

人类和自然之间具有十分紧密的联系,这也体现在人类的产生和发展以及人类社会的发展和进步上,由此可以看出,人类与自然之间的关系直接影响人类和人类社会的生存与发展。马克思恩格斯认为应在遵循自然规律的基础上发挥人类的最大主观能动性,但是在现实中由于人类自身的局限性,人类在发挥主观能动性时,在很大程度上都是以人类利益作为前提而进行的,因而人类有时只会看到那些与人类有益的方面而忽视了其他不利的方面,只进行短期内的利益行为而忽略了长期影响,换言之,为了人类的生存发展将自然中于人类有利的物质加以改造,而废弃践踏无关的物种和事物。但是人类忘记的是,人与自然之间的关系事关人类本身。

自然的变化会直接影响人类和人类社会的发展,可能造成人类文明的兴盛或衰败;同时人类的行为也会对自然环境产生影响,使之产生变化,二者之间具有密不可分的联系。自然改变着人类,自然并不只会朝着有利于人类进化的方向发展,同时也会发生自然条件恶化等现象,人类发展在一些时候会面临自然力量的阻碍,而这是因为人类的进化并非一帆风顺,在困境中才不断地激发出人类的潜能,推动人类社会不断变革和发展,促使人类文明的辉煌璀璨;同时,人类也会作用于自然,人类的本质是在其改造自然的过程中明确的,自然界自产生以来就在不断变化,而人类出现后,自然的进化不断加速,人类具有十分强大的自然改造能力,随着人类社会的不断发展和进步,人类改造自然的手段和方式越发多样化,程度也不断提高,越来越多的自然领域成为人类改造的对象。但是在人类改造自然的过程中,一方面可以使自然朝着宜于人类和其他物种共同生存和繁衍的方向进化,另一方面也可能为了更好地创造人类需要的自然而破坏了自然物质循环更替演进的步伐,也就是说人类对自然的改造可能造成对自然的破坏。当新的被

① 马克思恩格斯选集(第4卷)[C].北京:人民出版社,1995,第383—384页.

创造出来的自然条件再次施加影响于人类时，良性循环有利于人类社会的发展和进步，但是恶性循环则会直接损害人类社会，会造成人类文明的衰落。想要实现人类进步与自然演化的步调一致，就必须清晰地认识到，在人类与自然的关系中，人类应该有意识地发挥主观能动性，要担负相应的责任与使命。

正确地认识到人与自然的关系后，爱护自然成为人们的共识，而想要实现人类与自然的和谐统一，就必须用正确的方式改造、建设和美化自然，要人性化地对待自然，使人类的创造活动在最无愧于和最适合于人类本性的条件下进行，这才是保证人类利益得到实现和维护的前提条件。

（二）马克思恩格斯经济学中的生态思想

1. 自然生产力是社会生产力的基础

按照马克思恩格斯的理论，人类社会生产同时受到人和自然的双重作用，也就是说自然对于人类生产而言具有至关重要的基础性作用，基于此，人类社会生产力可以划分为两种，即自然生产力和社会生产力。自然生产力是指“不需要代价的……未经人类加工就已经存在的”[①]，如气候、水分、土壤等均属于自然生产力；社会生产力是指以自然生产力为基础，通过人类劳动而产生的生产力，也就是指人类通过劳动实践产生的各种能力以及劳动实践产生的各种劳动产品。

社会生产力是以自然生产力为基础的，因此其会在一定程度上受到自然生产力的制约和影响，自然生产力是社会生产力产生和发展的重要基础。由此可以看出，只有在自然生产力的限度内，社会生产力才可以发挥自身作用，即社会生产力只可以维持在资源和环境的承受能力范围之内。马克思恩格斯认为“经济的再生产过程，不管它的特殊的社会性质如何，在这个部门（农业）内，总是同一个自然的再生产过程交织在一起”[②]。也就是说，排除社会生产的发展程度这一因素，人类社会的劳动生产率与自然条件之间存在密切联系，这里所说的自然条件是指人本身的自然以及外在的自然条件，人本身的自然是指人类进化过程中形成的自然属性，如种族；外在的自然条件是指生活资料的自然资源和劳动资料的自然资源，也就是说，自然生产力会同时在生活资料供给、劳动资料供给方面发挥基础性作用。

---

① 马克思恩格斯全集（第 23 卷）[C]. 北京：人民出版社，1972，第 425 页.

② 马克思恩格斯全集（第 24 卷）[C]. 北京：人民出版社，1972，第 398－399 页.

2. 合理实现人与自然之间的物质变换

按照马克思恩格斯的思想观念，人与自然之间的物质交换就是人类通过有目的的劳动来改造自然从而占有自然的过程，在这个过程中，人类从自然获取维持其生存的必需物质条件，劳动作为这一物质变换过程的中介。但是，资本主义制度使人与自然之间正常的物质变换受到了干扰和阻碍，导致了土地贫瘠、山林荒芜、河流污染、矿藏枯竭等环境问题，因此，针对合理实现物质变换这一过程，马克思恩格斯提出了循环经济和可持续发展的思想。

关于循环经济，马克思恩格斯明确提出了将废弃物资源化及减量化的思想。针对废弃物资源化的思想，马克思恩格斯将排泄物划分为生产排泄物（指工业和农业的废料）和消费排泄物（部分地指人的自然的新陈代谢所产生的排泄物，部分地指消费品使用后剩余的废弃物）。一方面，在讨论生产排泄物的资源化时，马克思恩格斯举例："产品的废料，例如飞花等等，可以当作废料归还给土地，或者可以当作原料用于其他生产部门；例如破碎麻布可用来造纸"，"在制造机车时，每天都有成车皮的铁屑剩下，把铁屑收集起来，再卖给那个向机车制造厂主提供主要原料的制铁厂主，制铁厂主把这些铁屑重新制成块状，在它们上面加进新的劳动……这样这些铁屑往返于这两个工厂之间，当然，不会是同一些铁屑，但总是一定量的铁屑"[①]。在这样的资源循环流动过程中，生产排泄物可以成功地在从一个部门流向另一个生产部门的过程中实现废料到生产要素的转换，可以通过这个循环再一次回到生产—消费的循环中，可以节约生产条件，直到最后的劳动过程把它当作完成的生活资料或劳动资料排泄出来。另一方面，在讨论消费排泄物的资源化时，马克思恩格斯指出，消费排泄物对农业来说最为重要，提出了要对农村和城市、工业和农业之间建立合理的物质能量循环，马克思恩格斯指出，"只有通过城市和乡村的融合，现在的空气、水和土地的污毒才能排除，只有通过这种融合，才能使现在城市中日益病弱的群众的粪便不致引起疾病，而是用来作为植物的肥料"[②]。针对废弃物减量化的思想，马克思恩格斯认为将废弃物减少到最低限度部分地取决于机器的质量以及原料本身的质量，这其中离不开科学技术的进步，机器的改良、原料的精细这些都要以技术的先进作为支撑。

马克思恩格斯也在其著作中阐述过关于可持续发展的思想，他们认为

① 马克思恩格斯全集(第 23 卷)[C]. 北京：人民出版社，1972，第 201—202 页.

② 马克思恩格斯选集(第 3 卷)[C]. 北京：人民出版社，1995，第 663 页.

有悖于可持续发展的劳动会损害自然与人类社会,“劳动本身,不仅在目前的条件下,而且一般只要它的目的仅仅在于增加财富,它就是有害的、造孽的”①。马克思恩格斯还认为土地的可持续耕作事关子孙后代,他们批判了资本主义对土地这种自然资源的破坏:“个别人对土地的私有权,和一个人对另一个人的私有权一样,是十分荒谬的。甚至整个社会、一个民族以及一切同时存在的社会加在一起,都不是土地的所有者。他们只是土地的占有者,土地的利用者,并且他们必须好像家长那样,把土地改良后传给后代。”②虽然马克思恩格斯并没有在他们的著作中直接使用可持续发展这个术语,但是他们表达的意思实际上就是指可持续发展,也就是指,劳动在顾及后代发展的条件下进行,才是于自然、于人类有意义的劳动。

二、中国古代的生态伦理思想

(一)儒家思想中的生态文明观念

儒家文化在中国历史上具有重要的地位,它是以儒家思想为基础发展而来的文化流派,在中国社会中是一种主流意识形态,推动了中华民族的发展和进步。在儒家文化体系中蕴含着极为丰富的生态文明思想,儒家生态文明观认为,天地自然化育人类与万事万物,体现了天地“德”的核心价值,因此人与天地要同心同德、兼爱万物。儒家还将“仁者爱人”推及至“仁者爱物”,体现了其生态仁德的大爱精神。

1.“天人合一”的生态文明思想

在中国传统思想中,天人关系是一个重要课题,是人们思维方式的首要表现,中国人并不认为天人关系是一种主体与客体的关系,而是认为天人关系是一种部分与整体、扭曲与原貌、为学之初与最高境界的关系,用哲学语言来表述就是“天人合一”。“天人合一”的理念最早是由战国时期著名思想家庄子提出来的,后来被汉代思想家、阴阳家董仲舒发展为“天人合一”的哲学思想体系,并由此构成了中国传统文化的正脉。“天人合一”的“天”,包含有自然意义和非自然意义两层含义,它不仅指代自然之间的规律,而且具有道德伦理方面的价值。从自然意义层面来说,人要敬“天”,更要畏“天”,两者的有机结合才能体现“天人合一”的精髓。从非自然意义层面来说,“天”

---

① 马克思恩格斯全集(第 42 卷)[C].北京:人民出版社,1979,第 55 页.

② 马克思恩格斯全集(第 25 卷)[C].北京:人民出版社,1974,第 875 页.

是人类道德观念和道德原则的本原，在每个人的内心世界里都天赋地具有一些道德观念和道德原则。儒家思想以“整体论”为出发点，从世间万物的高度审视和研究人类道德，指出天人之间是一种辩证统一的关系，实际上这体现的是儒家思想对于自然与人类道德之间关系的理解，即二者之间存在相互协调、相互促进的关系。《易经》指出：“乾”为天，“坤”为地，“乾”是万物之源，“坤”则顺应天意，辅助万物发展，两者的变化演变为人类与世间万物的变化，于是天地自然和人类社会的秩序也就由此产生了。人类还要通过自身的实践活动来改造天地自然并建立一种与天地自然良性互动的关系，以实现人类社会与天地自然之间的平衡。总之，儒家提倡“天人合一”实际上就是推崇人与自然的和谐统一、互利共赢，是在儒家思想基础上产生的一种古典的生态文明理念。按照这一思想观念，将人类置于天地自然的环境中进行研究，以此让人们真正意识到要尊重自然、保护自然，要维护并优化我们的居住环境。

2.“仁者爱人、兼爱万物”的生态伦理观

孟子曰：“君子所以异于人者，以其存心也。君子以仁存心，以礼存心。仁者爱人，有礼者敬人。”①在先秦儒家提出“仁者爱人”的观点后，后人又在“仁者爱人”的基础上提出了“爱人以及物”的观点，使儒家的“仁”具有了规范人与自然关系的生态性内涵。这就是说，人类既要尊重自身的价值，还要对其他天地万物的生命予以尊重。荀子曰：“水火有气而无生，草木有生而无知，禽兽有知而无义；人有气，有生，有知，亦且有义，故最为天下贵也。”②这就是说，人是天地生命之礼的体现，尊重生命是天地赋予人类义不容辞的职责。荀子还指出：“圣王之制也，草本荣华滋硕之时，则斧斤不入山林，不夭其生，不绝其长也；鼋鼍、鱼鳖、鳅鳝孕别之时，罔罟、毒药不入泽，不夭其生，不绝其长也；春耕、夏耘、秋收、冬藏，四者不失时，故五谷不绝，而百姓有余食也；洿池、渊沼、川泽，谨其时禁，故鱼鳖优多，而百姓有余用也；斩伐养长不失其时，故山林不童，而百姓有余材也。”③从中可以看出，荀子提倡人们应该充分尊重自然规律，保护自然环境，爱护人类的生存家园。董仲舒也表达过自己的观点，他曾在《春秋繁露》中提出：“质于爱民，以下至于鸟兽昆虫莫不爱。不爱，奚足谓仁？”“泛爱群生，不以喜怒赏罚，所以为仁也。”④在

---

① 孟子・离娄下。
② 荀子・王制。
③ 荀子・王制。
④ 春秋繁露・仁义法。

董仲舒的观点中，将动物也纳入了道德共同体的范畴。郑玄提倡“爱人以及物”，这一观念所涵盖的道德共同体是指全部外在世界，“民胞物与”“与天地万物为一体”中提到的“物”也不过如此。宋儒程曾在文章中指出，“学者须先识仁。仁者，浑然与物同体，义、礼、智、信皆仁也。识得此理，以诚敬存之而已，不须防检，不须穷索……天地之用，皆我之用。”[①]由以上儒家先哲的思想观点中可以看出，他们从不同的角度阐释了“仁者爱人、兼爱万物”的思想，将这种思想推及家庭、社会和天地自然的环境中进行解释和说明，强调该思想是一种能够推及宇宙万物的普遍道德法则。儒家生态文明观反映了人类与生态道德的统一，这对协调人类社会与天地自然之间的关系，妥善解决人类与自然间的矛盾具有重要的指导意义。

（二）道家思想中的生态文明观念

道家推崇老庄黄老之说，“道”是道家文化的核心理念，也是其终极追求目标。道家推崇的思想为“天道无为、道法自然”，其揭示了人与自然之间的辩证关系，在中国传统文化中具有十分重要的地位，对中国乃至世界文化都产生了深远的影响。道家生态文明思想是以道家思想为指导，“道法自然”是它的理论基础，“尊道贵德”是它的生态伦理观，“自然无为”是它的生态实践观。

1.“万物一体、道法自然”的生态文明思想

“道生一，一生二，二生三，三生万物，万物负阴而抱阳，冲气以为和。”[②]按照道家思想，“道”是在天地形成前就存在的，它虽然没有实体，但是却反映了世间万物的本源和共性，“道”是联系世间万物的动力源泉。道家生态文明思想的理论基础是“万物一体、道法自然”观。一方面，万物一体。道家认为，“道”是天地万物产生的本源，大自然是由天地万物组成的一个整体，天地万物都是相互联系、不可分离的。老子曰：“昔之得一者，天得一以清，地得一以宁，神得一以灵，谷得一以盈，万物得一以生，侯得一以为天下正。”[③]庄子曰：“天与人一也”，“天地与我并生，万物与我为一”。[④] 按照道家思想，人在天地间生存和发展，是自然的一部分，因此为了在这个环境中继续生存和发展就必须尊重自然。另一方面，道法自然。老子曾提出：“大道

---

① 识仁篇·遗书。

② 道德经。

③ 道德经。

④ 庄子·齐物论。

泛兮，其可左右。万物恃之以生不辞，功成不名有。衣养万物而不为主，可名于小；万物归焉而不为主，可名为大。以其终不自为大，故能成其大。”①“人不违地，乃得全安，法地也。地不违天，乃得全载，法天也。天不违道，乃得全复，法道也。道不违自然，乃得其性，法自然也。”②庄子曾曰：“万物皆种也，以不同形相禅，始卒若环，莫得其伦，是谓天均。天均者，天倪也。”③按照道家思想，“道”是联系世间万物的动力本源，但其是没有目的、没有意识的一种存在，它生而不有，为而不恃，长而不宰，它并不会将世间万物据为己有，不会主宰和支配世间万物，只是产生万物之后就让它们自由发展。总之，道家生态文明观要求我们不能人为地破坏自然环境，要考虑人类行为对自然造成的影响，要尊重自然规律，善待自然万物，只有这样才能实现人与自然的和谐统一。

2.“尊道贵德”的生态伦理观

道家对于处理人与自然之间的关系，建立了以道家文化为基础的生态伦理关系。生态伦理是道家生态伦理关系的主要特征，在这种关系中，人类、动植物、天地以及宇宙万物的关系紧密相连，形成了一种完整的、系统的生态伦理观。一方面，一切生命现象都是平等的，人与天地万物之间的生态伦理关系没有两样。老子曰：“道生之，德畜之，物形之，势成之，是以万物莫不尊道而贵德。道之尊，德之贵，夫莫之命而常自然。故道生之，德畜之，长之育之，亭之毒之，养之覆之。生而不有，为而不恃，长而不宰，是谓玄德。”④庄子曰：“吾在于天地之间，犹小石小木之在大山也。方存乎见少，又奚以自多？计四海之在天地之间也，不似礨空之在大泽乎？计中国之在海内，不似稊米之在大仓乎？号物之数谓之万，人处一焉；人卒九州，谷食之所生，舟车之所通，人处一焉；此其比万物也，不似毫末之在于马体乎？”⑤由此可以看出，道家提倡的生态伦理思想实际上与当前提倡的生态伦理思想具有高度一致性，都是提倡尊重自然、保护生物多样性。另一方面，强调人与天地万物具有同等重要的价值。老子曰：“天无以清将恐裂，地无以宁将恐发，神无以灵将恐歇，谷无以盈将恐竭，万物无以生将恐灭，侯王无以贵将恐

① 道德经。
② 老子注。
③ 庄子·寓言。
④ 道德经。
⑤ 庄子·秋水。

蹶。”[①]庄子在老子思想的基础上进一步研究，从而提出：“牛马四足，是谓天；落马首，穿牛鼻，是谓人。故无以人灭天，无以故灭命无以得名。谨守而不失，是谓反其真。”[②]也就是说，人类想要实现回归自然的本真状态，一个重要的前提就是顺应自然的要求。

3.“自然无为”的生态文明实践观

道家生态文明思想的实践观是“自然无为”，只是指在生态文明实践上应该做到“知足知止”和“节俭”。一方面，人类社会应该在自然的承受范围内存在和发展，也就是要在发展上做到“知足知止”。老子曰：“祸莫大于不知足，咎莫大于欲得。故知足之足，常足矣。”[③]在老子看来，天下最大的祸患莫过于不知足，最大的罪过莫过于贪得无厌，只有懂得知足的人才不会受侮辱，只有懂得知止的人才没有危险。一个知道自我满足的人自会“甘其良，美其服，安其居，乐其俗”[④]。庄子曾提出：“乱天之伦，逆物之情，玄天弗成，解兽之群，而鸟皆夜鸣，灾及草木，祸及止虫。”[⑤]“知足”与“知止”对于当今人类的生存和发展具有重大的理论与实践意义。另一方面，道家强调人类的本质是朴实的，在消费方面应该提倡节约节俭。老子就曾明确指出：“我有三宝，持而保之，一曰慈，二曰俭，三曰不敢为天下先。”[⑥]其中的“俭”就是指人类的节俭生活是符合“道”的境界要求。“五色令人目盲，五音令人耳聋，五味令人口爽。驰骋畋猎，令人心发狂。难得之货，令人行妨。是以圣人为腹不为目，故夫彼取此。”[⑦]老子始终强调人们应该保持知足寡欲的思想观念，应该合理地克制自身对物质的渴求和欲望，尽可能地节俭，不要奢侈浪费。他认为只有人们做到清心寡欲，知足常乐，才可以实现与自然的和谐相处。庄子曰：“夫富者，苦身疾作，多积财而不得尽用，其为形也亦我上矣！夫贵者，夜以继日，思虑善否，其为形亦疏矣！”[⑧]庄子认为，世俗以功名富贵为人生的快乐，其实这并不是真正的快乐。真正的快乐在于清静无为、纯任自然地生活。

---

① 道德经。
② 庄子·秋水。
③ 道德经。
④ 老子。
⑤ 庄子·在宥。
⑥ 道德经。
⑦ 道德经。
⑧ 至乐。

（三）佛家思想中的生态文明观念

佛家思想强调"佛性"，认为这是万物本原，宇宙万物实际上是"佛性"的不同表现形式，宇宙万物体现的是佛性的统一。而佛性的统一，代表的则是宇宙万物的平等，也就是说万物皆有生存的权利。中国佛教的生态伦理思想主要体现在"缘起说"的生命观、"众生平等"的平等观等。

在佛教中，"缘起"一词的含义，是指现象界的一切存在都是由种种条件和合而成的，不是孤立的存在。即一切事物都是互为条件、互相依存，任何东西都是相对的、暂时的，而这就是事物的本来面目。

以"缘起"观点作为基础，佛家思想提出了整体观，也就是指整个世界都处于各种关系中，世间万物都是这个整体中不可分割的一部分。人和自然之间存在相互依持的关系，也只有在这样的关系中二者才能存在和发展。任意割裂事物间的关系，就不能对其本性有正确的理解。因此，佛教要求人们破除对事物包括生命的执着，以"无我"的胸怀应对大千世界，打破人自身的优越感和在世界上的优先性，以求得解脱。

禅宗认为，山水、草木、尘石都有佛性，所谓"一切众生皆可佛"，人与自然万物皆有相通的佛性，人对佛性的"悟"是在自然万物的触发之下"藉境见心"。佛教对生命的关怀，最为集中的体现就是普度众生的慈悲心肠。慈悲是佛道之根本，"一切佛法中，慈悲为大。"[①]在佛教看来，"慈"就是"与乐"，"悲"就是"拔苦"。它教导人们对一切生灵大慈大悲，应该对世间万物，包括任何所有生物都付出爱。佛陀曾于《悲华经》中说，"慈心即是助菩提法，于诸众生心无碍故。悲心即是助菩提法，拔出众生诸苦故。喜心即是助菩提法，爱乐法故。舍心即是助菩提法，断憎爱故。"慈悲喜舍，一旦从心底涌现，便能点亮爱与生命之光，照彻幽暗娑婆。

在佛经中记载了很多关于菩萨们无与伦比的慈悲情怀的故事，如佛陀舍生饲虎、割肉喂鹰等，这些故事都反映了佛教推崇的慈悲思想。佛成道之前的修行事迹，称为本生故事。根据记载，在释迦牟尼佛还是施毕王时，就十分的慈悲仁厚。为了考验施毕王，帝释和毗首羯磨化身为老鹰和鸽子。老鹰追赶鸽子，鸽子为了逃生躲入施毕王的臂弯中，老鹰要求国王放开鸽子，施毕王则表示他有心保护众生。这时老鹰和施毕王抱怨："您说要度众生，难道我就不属于众生的一员吗？您只知道保护那只鸽子却不想想这是在抢夺我的食物。"施毕王对老鹰说："我曾经发愿，只要众生投奔于我，我必然会保护他们。你如果需要食物可以告诉我，我一定会满足你的愿望。"老

① 大智度论。

鹰看到施毕王这么说，便说“新杀热肉！”国王犯了难，不杀生怎么能实现老鹰的愿望？经过思考后，施毕王说：“待我老病死后，这具身躯也不过是化作污泥，既然老鹰想要食物，那就把我身上的肉给了他吧。”国王随后唤人拿刀，自己将大腿上的肉割下来给老鹰吃。但是老鹰并没有罢休，还继续要求：“你既然抢走了我的鸽子，那你割下的肉就应该与这只鸽子一样重才公平，如果缺斤少两就是在骗我！”为了显示公平，国王又命人拿来天平，让鸽子站在天平的一端，另一端则放从自己身上割下来的肉，但是不论施毕王割下多少肉都是鸽子那端更重，直到他将身上的肉几乎割完还是这样。

但是施毕王并没有放弃救这只鸽子，打算用自己全身的血肉换这只鸽子的命，于是就鲜血淋漓地爬到天平上。老鹰看到这样的施毕王十分不忍，说道：“国王您这是何苦？你只要把那只鸽子还给我不就好了。”但是施毕王依旧坚持悲愿，用手抓住秤杆往上爬，结果一用力，肉失尽筋断，摔跌在地，但是他仍旧想爬起来上秤。国王作誓愿：“我割肉血流，不嗔不恼，一心不闷以求佛道者，我身当即平复如故。”瞬间，施毕王的身体恢复如初，人天见之，皆大悲喜。释迦牟尼佛于是圆满布施波罗密。

佛教推崇护生，为了佛教弟子可以做到这一点提出了一系列戒律，如“五戒”“八戒”“十戒”之说等，但是其中最重要的一条戒律就是“不杀生”。不杀和不伤害的戒律规定着人和动物的关系。

中国佛教水忏理论提到的三障之中的业障，将杀业作为所有业障中罪行最严重的恶业，杀业直接关系到生物的生命和环境的污染，在水忏理论中，犯了杀业的人将会受到最严厉的谴责。《慈悲水忏法》说：“第一杀害，如经所明，恕己可为喻，勿杀勿行杖。虽复禽兽之殊，保命畏死，其事是一。若寻此众生，无始以来，或是我父母兄弟六亲眷属，以业因缘轮回六道，出生入死，改形易报，不复相识。而今兴害食瞰其肉，伤慈之甚。是故佛言，设得余食，当如饥世，食子肉想，何况食瞰此鱼肉耶。又言，为利杀众生，以财网诸肉，二俱是恶业，死堕号叫狱，故知杀害及以食瞰，罪深河海，过重丘岳。然某甲等无始以来不遇善友，皆为此业，是故经言，杀害之罪，能令众生堕于地狱饿鬼受苦。若在畜生，则受虎豹豺狼鹰鹞等身，或受毒蛇蝮蝎等身常怀恶心，或受麞鹿熊罴等身常怀恐怖。若生人中得二种果报，一者多病，二者短命，杀害食啾既有如是无量种种诸恶果报，是故至诚，求哀忏悔。”从中可以看出水忏对杀业的严厉指责，强调了杀业的严重性，按照水忏理论，犯了杀业的人最严重的不仅要在现实得到多病、短命的报应，还要在来世变成畜生受到痛苦的煎熬。特别是“但使一时之快口得味甚寡，不过三寸舌根而已”，众生的“口福”实际就是一种杀业，故“然其罪报，殃累永劫”。为此，水忏里面列举了大量触目惊心的杀业，惨烈的杀业使当今世界的物种灭绝的速度正在快速增长，人类也在走入自掘坟墓的过程。水忏鲜明反对杀业，固然是佛教不杀生五戒的思想的发扬，坚持了佛教众生平等的主张，但是对于当前世界范围内存在的严重环境问题，这一思想带来了一定的启示，对于当代环境保护具有十分重要的指导意义。

第二节　我国特色生态文明建设的发展及问题

党的十九大报告中指出，“必须树立和践行绿水青山就是金山银山的理念，坚持节约资源和保护环境的基本国策，像对待生命一样对待生态环境”。此后，习近平总书记还在全国生态环境保护大会上指出：“总体上看，我国生态环境质量持续好转，出现了稳中向好趋势，但成效并不稳固。生态文明建设正处于压力叠加、负重前行的关键期，已进入提供更多优质生态产品以满足人民日益增长的优美生态环境需要的攻坚期，也到了有条件有能力解决生态环境突出问题的窗口期。”①由此，在全新发展背景下，生态文明建设必须符合我国发展实际，只有不断推进中国特色生态文明发展才可以构建人与社会与自然的和谐关系，才可以推进社会和国家的可持续发展。

一、更新生态文明理念，适应时代发展要求

（一）明确我国生态文明建设的系列指导思想

十八大以来，习近平总书记提出了一系列关于生态文明建设的重大理念，强调我国在当前的形势下必须进行生态文明体制改革，而这些思想理念便是推动这项改革的重要指导思想。特别是从崭新的角度，深刻揭示人类发展与自然世界的和谐统一关系：人与自然的关系是人类社会最基本的关系；自然界是人类社会产生、存在和发展的基础和前提；人类通过社会实践活动有目的地利用自然、改造自然，人类归根到底是自然的一部分，在开发自然、利用自然中，人类不能凌驾于自然之上，人类的行为方式必须符合自然规律；保护自然环境就是保护人类，建设生态文明就是造福人类；人与自然是相互依存、相互联系的整体，对自然界不能只讲索取不讲投入、只讲利用不讲建设，等等，为生态文明建设的创新发展指明了方向。

---

① 习近平出席全国生态环境保护大会并发表重要讲话[EB/OL]. http://www.gov.cn/xinwen/2018-05/19/content_5292116.htm.

1.明确生态文明建设的指导思想

党的十八大以来,习近平总书记提出了一系列生态文明理念,提出了生态文明建设的重要指导思想,其中包括坚持节约资源和保护环境基本国策,坚持节约优先、保护优先、自然恢复为主方针,立足我国社会主义初级阶段的基本国情和新的阶段性特征,以建设美丽中国为目标,以正确处理人与自然关系为核心,以解决生态环境领域突出问题为导向,保障国家生态安全,改善环境质量,提高资源利用效率,推动形成人与自然和谐发展的现代化建设新格局。

2.发展马克思主义生态文明理念

习近平总书记强调在生态文明建设方面,我们必须做到“尊重自然、顺应自然、保护自然”,要充分结合改革开放以来我国在该领域积累的经验和马克思主义基本原理,在此基础上,他提出“牢固树立保护生态环境就是保护生产力、改善生态环境就是发展生产力的理念”,把自然生态环境纳入生产力范畴,揭示了生态环境作为生产力内在属性的重要地位。这在马克思主义生态理论史上还是第一次。

3.深刻揭示人类生态文明发展规律

习近平总书记指出:“生态兴则文明兴,生态衰则文明衰。”生态文明是工业文明发展到一定阶段的产物,是实现人与自然和谐发展的新要求。这说明,生态文明符合人类文明演进的客观规律。习近平总书记对生态与文明关系以及人类发展阶段的阐释,彰显了中国共产党人对人类文明发展规律的深刻认识。

4.深化我们党的执政理念和执政方式

我们党十分重视生态文明建设,在习近平总书记的带领下,我们党将生态文明建设纳入党的行动纲领,将其纳入我国建设的总体布局中,从而形成了经济建设、政治建设、文化建设、社会建设和生态文明建设的“五位一体”总布局,体现了本届党中央领导人执政方式的鲜明特色。“五位一体”总布局,使生态文明建设在社会主义建设事业中的地位发生了根本性和历史性的变化,这表明中国共产党的执政理念和执政方式已经进入一个新境界。

5.强调生态文明建设中人民主体性思想

良好的生态环境是最公平的公共产品,是最普惠的民生福祉。习近平总书记对生态文明建设始终饱含深厚的民生情怀和强烈的责任担当。他关于“生态环境问题是利国利民利子孙后代的一项重要工作”“为子孙后代留下天蓝、地绿、水清的生产生活环境”等论述，把党的根本宗旨与人民群众对生态环境的现实期待结合在一起，是人民主体性思想在生态文明建设领域的生动诠释。

6. 树立生态文明建设的辩证思维

习近平总书记在谈到我国生态文明建设时提出：“我们既要绿水青山，也要金山银山。宁要绿水青山，不要金山银山，而且绿水青山就是金山银山。”他在很多关于生态文明建设的论述中都体现了鲜明的辩证思维色彩。习近平总书记始终强调，生态文明建设应该是在保护中发展，在发展中保护。他运用鲜活的语言指出，脱离环境保护搞经济发展，是“竭泽而渔”；离开经济发展抓环境保护，是“缘木求鱼”。

7. 明确生态文明建设的系统思维

习近平总书记指出我国生态文明建设的系统思维应该是，“山水林田湖是一个生命共同体”。他从方法论的角度深刻阐明了生态文明建设的系统性和复杂性。生态文明是人类为保护和建设美好生态环境而取得的物质成果、精神成果和制度成果的总和，是贯穿经济建设、政治建设、文化建设、社会建设全过程和各方面的系统工程，单独从某一个或几个方面推进，难以从根本上解决问题。

8. 培养生态文明建设的底线思维

习近平总书记指出，我们必须牢固树立生态红线的观念，必须保证不迈出生态环境保护的底线，要做到不越雷池一步，一旦发现破坏生态环境的行为就必须及时给予相应的惩罚。生态红线是不能超出的界限、不能逾越的底线。生态文明建设要以底线思维为指导，设定并严守资源消耗上限、环境质量底线、生态保护红线，将各类开发活动限制在资源环境承载能力之内。

（二）明确我国生态文明体制的改革目标

从整体上来说，我国生态文明体制改革的总体目标体现在，到 2020 年，构建起由自然资源资产产权制度、国土空间开发保护制度、空间规划体系、资源总量管理和全面节约制度、资源有偿使用和生态补偿制度、环境治理体系、环境治理和生态保护市场体系、生态文明绩效评价考核和责任追究制度等八项制度组成的产权清晰、多元参与、激励约束并重、系统完整的生态文明制度体系，推进生态文明领域国家治理体系和治理能力现代化，努力走向社会主义生态文明新时代。

第一，构建归属清晰、权责明确、监管有效的自然资源资产产权制度，通过建立和完善这一制度，明确自然资源所有者，明确自然资源所有权等。第二，构建以空间规划为基础、以用途管制为主要手段的国土空间开发保护制度，以此避免由于无序开发、分散开发和过度开发等问题而引起的优质耕地和生态空间占用过多、生态破坏、环境污染等问题。第三，构建以空间治理和空间结构优化为主要内容，全国统一、相互衔接、分级管理的空间规划体系，着力解决空间性规划重叠冲突、部门职责交叉重复、地方规划朝令夕改等问题。第四，构建覆盖全面、科学规范、管理严格的资源总量管理和全面节约制度，着力解决资源使用浪费严重、利用效率不高等问题。第五，构建反映市场供求和资源稀缺程度、体现自然价值和代际补偿的资源有偿使用和生态补偿制度，着力解决自然资源及其产品价格偏低、生产开发成本低于社会成本、保护生态得不到合理回报等问题。第六，构建以改善环境质量为导向，监管统一、执法严明、多方参与的环境治理体系，着力解决污染防治能力弱、监管职能交叉、权责不一致、违法成本过低等问题。第七，构建更多运用经济杠杆进行环境治理和生态保护的市场体系，通过建立和完善这样的市场体系，着力解决市场主体和市场体系发育滞后、社会参与度不高等问题。第八，构建充分反映资源消耗、环境损害和生态效益的生态文明绩效评价考核和责任追究制度，从而可以有效改善发展绩效评价不全面、责任落实不到位、损害责任追究缺失等问题。

二、重新部署生态文明建设，适应时代发展要求

党的十九大报告中强调，我国的生态文明建设和改革在未来五年内有四项重点工作，具体来说，包括推进绿色发展、着力解决突出环境问题、加大生态系统保护力度和改革生态环境监管体制。下面分别对这四项工作进行分析。

（一）推进绿色发展

绿色发展是新发展理念的重要内容，只有在我国的建设工作中不断推进绿色发展，才能实现国家和民族的永续发展。围绕如何推进绿色发展，党的十九大报告强调了以下五个方面，如图 1-1 所示。

1.加快建立绿色发展的经济体系

党的十九大报告强调，要加快建立绿色生产和消费的法律制度和政策

导向，建立健全绿色低碳循环发展的经济体系。在整个经济体系中，生产和消费是最重要的两个方面，生产和消费分别决定了供给和最终需求。如果能实现绿色生产和绿色消费，就能为绿色发展提供坚实的基础，反之，绿色发展便无从谈起。实现绿色生产和绿色消费，当务之急是加快法律制度建设和政策制定，为绿色发展提供制度保障和政策导向。

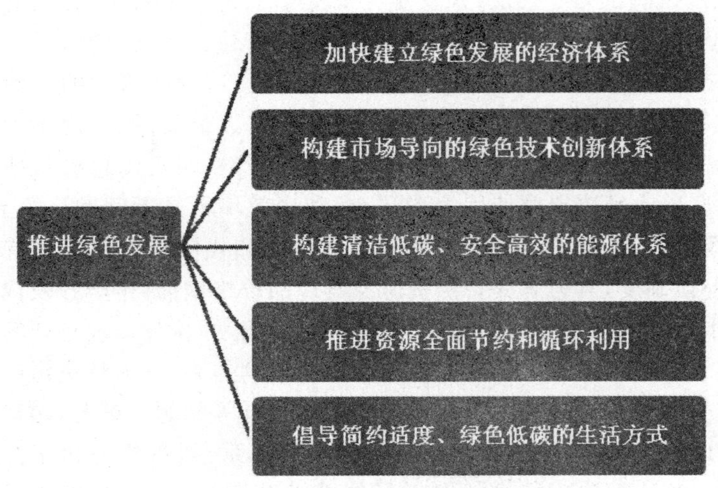

图 1-1　推进绿色发展的重要举措

2. 构建市场导向的绿色技术创新体系

在市场经济中，必须充分发挥企业的主体作用，同时要充分发挥市场的激励作用和调节作用，大力发展绿色技术，从而形成绿色技术创新体系，实现降低消耗、减少污染、改善生态环境的目的。发展绿色金融，在投融资决策中充分考虑潜在的环境影响，充分发挥金融对经济活动的导向作用。壮大节能环保产业、清洁生产产业、清洁能源产业，通过产业政策的引导和产业结构的不断调整优化，在节能环保、清洁生产、清洁能源等新兴产业上同时发力，实现绿色发展。

3. 构建清洁低碳、安全高效的能源体系

从我国当前的发展情况来看，能源生产结构和消费结构都存在一定问题，原煤、石油等传统化石能源占比较大，而核能和再生能源等的占比比较小，这就导致我国的能源结构不合理，需要优化。原煤是高污染能源，大量烧煤带来巨大的环保压力。石油的对外依存度高，生产和消费对石油的高度依赖严重影响着国家的能源安全。党的十九大报告强调推进能源生产和消费革命，就是要大幅提高非化石能源比重，大力推动煤炭等化石能源清洁高效利用。

4.推进资源全面节约和循环利用

推进全面节约就要求所有类型的资源都需要节约，尤其是那些不可再生资源；尽可能增加能源的利用率，加强循环利用，可以通过多次利用、反复利用等方式提高资源的有效利用率。要实施国家节水行动，把节约用水提高到国家行为的层面。

5.倡导简约适度、绿色低碳的生活方式

实现美好生活就必须转变传统的生活方式，提倡简约适度、绿色低碳的新型生活方式。推动绿色消费，不仅可以为人们带来美好生活，还可以有力推动绿色发展，是建设美丽中国、幸福中国的关键环节。倡导简约适度、绿色低碳的生活方式，必然要反对奢侈浪费和不合理消费。实现生活方式的绿色转换，必须有社会所有成员的参与。开展创建节约型机关、绿色家庭、绿色学校、绿色社区和绿色出行，是在全社会范围内全员全领域实现绿色消费的有效举措。

（二）着力解决突出环境问题

人类社会的发展，虽然为人们带来了越来越好的物质条件，但同时也造成了严重的环境问题，而为人们带来美好生活就必须为他们创造良好的生态环境。党的十九大报告从大气污染、水污染和土壤污染防治，固体废弃物和垃圾处置，环境治理体系建设，积极参与全球环境治理四个方面，就着力解决突出环境问题进行了部署，如图 1-2 所示。

1.大气污染、水污染和土壤污染防治

当前我国面临的最主要的三个污染问题就是大气污染、水污染和土壤污染，因此必须要加强对这三大污染问题的防治力度，只有这样才能抓住解决环境问题的关键点。近年来出现的持续大范围的雾霾天气，成为人们关注和议论的热点，再次敲响了大气污染防治的警钟。打赢蓝天保卫战是一场攻坚战、持久战，需要全民共同参与，需要从污染源头进行防治。水污染既影响生产又影响生活，加快水污染防治，不能就水治水，要在治源治根上发力。实施流域环境和近岸海域综合治理，就是从根源上防治水污染的有力举措。土壤是生命的立根之处，土地是国家的生命线，耕地是百姓的饭碗。党的十九大报告强调，要强化土壤污染管控和修复，加强农业面源污染防治，开展农村人居环境整治行动。

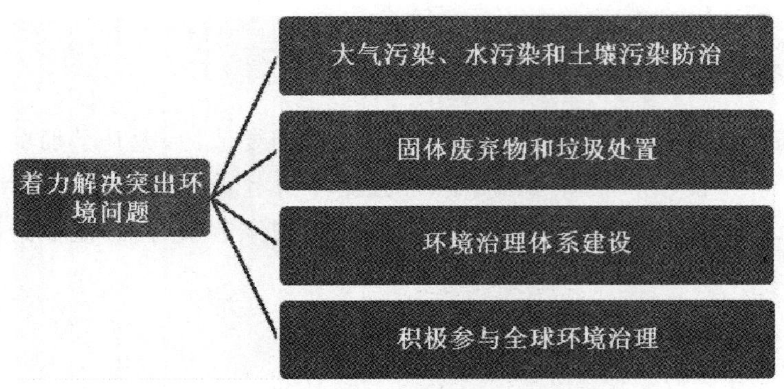

图 1-2　着力解决突出环境问题的重要举措

2. 固体废弃物和垃圾处置

党的十九大报告强调:“加强固体废弃物和垃圾处置。提高污染排放标准,强化排污者责任,健全环保信用评价、信息强制性披露、严惩重罚等制度。”废弃物和污染物的排放是造成环境污染和生态破坏的重要因素,所以必须经过严格处置、严控排放。固体废弃物要采用物理、化学、生物等不同处理方法,使其适于运输、储存、再利用。垃圾处理要遵循减量化、资源化、无害化的原则,减少垃圾数量,进行直接利用或再生利用,减少乃至避免对环境和人体健康造成不利影响。

3. 环境治理体系建设

从整体上解决突出环境问题,就必须建设科学有效的环境治理体系,并不断完善和优化这个治理体系。习近平总书记在党的十九大报告中强调,“构建政府为主导、企业为主体、社会组织和公众共同参与的环境治理体系”。环境治理是一个复杂的系统工程,需要全社会的参与。环境治理体系的主体构成必须是多元的,政府、企业、社会组织和公众各司其职、各负其责,政府负有主导责任,企业负有主体责任,社会组织和公众负有参与责任。按照以人为本、防治结合、标本兼治、综合施策的原则,建立以保障人体健康为核心、以改善环境质量为目标、以防控环境风险为基线的环境治理体系。

4. 积极参与全球环境治理

我国坚持合作共赢的正确义利观,在过去就积极主动地参与全球环境治理,在环境治理方面做出了一系列的努力,在应对气候变化上也积极行动。我国对外承诺的“十一五”“十二五”应对气候变化的目标全部实现,而且超额完成。2015 年 11 月 30 日,习近平总书记在巴黎气候变化大会开幕式上的讲话中指出："中国在'国家自主贡献'中提出将于2030年左右使二氧化碳排放达到峰值并争取尽早实现，2030年单位国内生产总值二氧化碳排放比2005年下降60%～65%……虽然需要付出艰苦的努力，但我们有信心和决心实现我们的承诺。"

（三）加大生态系统保护力度

1.实施重要生态系统保护和修复重大工程

生态系统对生态文明建设来说是一个十分重要的部分，创建良好的生存条件必须加大生态系统保护和修复的力度，其中该领域比较重大的工程包括国土绿化行动、天然林资源保护、新一轮退耕退牧还林还草、湿地保护与恢复、野生动植物保护及自然保护区建设、防沙治沙和水土流失综合治理、生态保护及支撑体系、水生态治理与保护等。通过实施重要生态系统保护和修复重大工程，优化生态安全屏障体系，保护生态系统的健康和完整；构建具有保护生物多样性、过滤污染物、防止水土流失、防风固沙、调控洪水等生态服务功能的生态廊道和生物多样性保护网络，提升生态系统的质量和稳定性。

2.完成三条控制线划定工作

保护生态系统必须划定三条控制线，即生态保护红线、永久基本农田、城镇开发边界。更具体来说，可以将生态保护红线划分为生态功能保障基线、环境质量安全底线、自然资源利用上线，只有正确地划定生态保护红线才能为保护生态环境安全提供基本保障。永久基本农田，即无论什么情况下都不能改变其用途，不得以任何方式挪作他用的基本农田。划定永久基本农田，是对基本农田的永久性保护措施。划定城镇开发边界，是防止城市无序蔓延、促进城市紧凑布局和集约发展的具体举措，可以优化城镇化布局和形态，盘活低效建设用地，促进城市转型发展。划定三条控制线是生态系统保护的基础性工程，是加大生态系统保护力度的有效途径。

3.开展国土绿化行动

改革开放以来，我国的经济建设得到了大发展，但是粗放式的发展也对土地资源造成了一定伤害，为了满足人民对美好生活的需要我们必须加强力度开展国土绿化。党的十九大报告强调，要"开展国土绿化行动，推进荒漠化、石漠化、水土流失综合治理，强化湿地保护和恢复，加强地质灾害防治"。

4. 完善天然林保护制度，扩大退耕还林还草

我国国土广袤，其中最重要的森林资源就是天然林，保护生态环境的一个关键就在于保护天然林。天然林是结构最复杂、群落最稳定、生物量最大、生物多样性最丰富、生态功能最强的森林生态系统。我国的天然林保护仍然存在不少问题，主要表现为大量天然林仍未纳入保护范围，天然林保护水平较低，天然林没有得到有效的抚育经营，破坏天然林、侵占林地的现象依然严峻等。实现天然林保护在全国的全覆盖，完善天然林保护制度，全面停止天然林商业性采伐，增加森林面积和蓄积量，是天然林保护工作的现实要求。扩大新一轮退耕还林还草规模，把生态承受力弱、不适宜耕种的地退下来，种上树和草，是从源头防治水土流失、减少自然灾害、固碳增汇和应对气候变化的重要措施。

5. 健全休养生息制度，建立生态补偿机制

我国人口规模大，人均耕地面积小，这是我国面临的基本国情，这就导致我国依然面临着粮食安全和耕地保护形势严峻的问题，因此我国必须制定并实施严格的耕地保护制度。党的十九大报告中强调，要“严格保护耕地，扩大轮作休耕试点，健全耕地草原森林河流湖泊休养生息制度，建立市场化、多元化生态补偿机制”。耕地草原森林河湖资源是经济社会发展的重要物质基础，随着我国经济社会的不断发展，对耕地草原森林河湖资源的开发与索取已经超出了其承载能力，迫切需要健全耕地草原森林河湖休养生息制度，合理降低开发强度，恢复生态功能。实施生态补偿是调动各方积极性、保护好生态环境的重要手段。目前，我国生态保护补偿的范围仍然偏小、标准偏低，体制机制不健全，需要改变政府主导、手段单一的现状，建立更为公平和高效的市场化、多元化生态补偿机制。

（四）改革生态环境监管体制

推进我国的生态文明建设必须推进生态文明体制改革，而生态环境监管体制改革则是生态文明体制改革的重点工程，党的十九大报告中也强调了这一点，并部署了三项重要任务。

1. 设立国有自然资源资产管理和自然生态监管机构

实现对生态环境的全面科学监管，就必须加强对自然资源和自然生态的统一监管，要将环境保护职责落实到一个统一的具体部门，实行城乡环境保护工作由一个部门进行统一监管和行政执法的体制，有序整合不同领域、

不同部门、不同层次的监管力量，建立权威统一的环境执法体制。设立国有自然资源资产管理和自然生态监管机构，有利于构建归属清晰、权责明确、监管有效的自然资源资产产权制度，有利于整合机构职能、改变“政出多门”、形成监管合力，有利于生态文明建设的总体设计和组织领导。

2. 构建国土空间开发保护制度

国土资源的保护与开发是生态文明建设的重要部分，必须加强该领域的科学管理，要建设并完善相应的保护制度。第一，要完善主体功能区配套政策。在主体功能区蓝图基本绘就之后，政策配套性成为推进主体功能区建设的关键。配套政策设计和完善的重点是建立多层次的区际利益补偿政策、地方政府官员考核制度等。第二，要建立以国家公园为主体的自然保护地体系。建立以国家公园为主体的自然保护地体系，是对中国自然保护区建设的改革，旨在克服各类自然保护区空间重叠交错、保护对象重复、保护目标混乱等问题。

3. 坚决制止和惩处破坏生态环境的行为

严惩不贷是治理生态环境问题的关键，必须对破坏生态环境的行为零容忍。为了更好地保护生态环境，我国于 2015 年起实施《中华人民共和国环境保护法》，该部法律被称为“史上最严的环保法”，反映了党和政府坚决制止和惩处破坏生态环境的决心，也为制止和惩处破坏生态环境行为提供了基本的法律依据。坚决制止和惩处破坏生态环境行为，要强化生产者环境保护法律责任，大幅度提高违法成本。通过健全环境损害赔偿方面的法律制度、评估方法和实施机制，对违反环保法律法规的，依法严惩重罚；对造成生态环境损害的，依损害程度等因素依法确定赔偿额度；对造成严重后果的，依法追究刑事责任。

第三节　生态文明与环境法治的关系

当前，我国已经意识到生态文明建设的重要意义，而环境法治是生态文明建设顺利推进的重要保障。2018 年 5 月 18 日至 19 日，全国生态环境保护大会在北京召开，习近平总书记在会议上强调：“党的十八大以来，我们开展一系列根本性、开创性、长远性工作，加快推进生态文明顶层设计和制度体系建设，加强法治建设，建立并实施中央环境保护督察制度，大力推动绿色发展，深入实施大气、水、土壤污染防治三大行动计划。”但是，当前我国生态文明建设还存在很多问题，尤其是法治方面需要着重加强，必须“用最严格制度最严密法治保护生态环境，加快制度创新，强化制度执行，让制度成为刚性的约束和不可触碰的高压线”。[①]

一、环境法治建设是正确处理和协调人与自然关系的重要途径

生态文明建设的内容丰富，从整体上来看主要包括防治环境污染和生态破坏，合理利用和节约资源，维护生态平衡和生态安全等内容。我国开展生态文明建设工作，核心是为了正确处理和协调人与自然的关系，实现人与自然和谐相处、共同发展的目标。实践证明，包括环境污染、生态破坏和资源危机在内的环境资源问题的产生，主要是人类没有正确处理好人与自然的关系和人与人的关系，是人与自然关系处理不当的结果，当代严重的环境资源生态问题实质上是人与自然关系的失衡问题、失调问题、恶化问题；防治环境污染、保护和改善生态环境只能基于人与自然关系的改进和改善，要想有效防治环境资源问题，必须采用法律等各种手段、通过法治等各种途径正确处理、协调人与自然的关系及与环境资源问题有关的人与人的关系。因此，依法协调人与自然的关系，就是依法促进生态文明建设。正确处理和协调人与自然的关系，促进人与自然的和谐发展，要求依法促进生态文明建设。

随着社会发展，党和国家意识到开展生态文明建设的重要性，深刻地认识到只有正确有效地处理人与自然的关系，实现人与自然的和谐相处，促进人与自然的共同发展，才可以进一步促进生态文明社会的建设；并且从正确处理人与自然关系和促进人与自然和谐发展的重要性，认识到了加强生态文明法治建设的重要性。1991 年 5 月 23 日，江泽民在《中国科学技术协会第四次全国代表大会上的讲话》中指出，我国科技工作“要在调整人和自然关系的若干重大领域，特别是人口控制、环境保护、资源能源的保护和合理开发和利用方面取得扎实成果”。其实，当代社会一切合理开发、利用、保护、改善和管理环境资源的努力都是为了调整好人与自然的关系，实现人与自然的和谐共处；持续利用环境资源的实质和环境资源工作的宗旨，就是按照自然生态规律和社会经济规律调整好人与自然的关系。2004 年 9 月，胡锦涛在纪念全国人大成立 50 周年大会上提出：“坚持科学发展观，从法律上

---

① 习近平出席全国生态环境保护大会并发表重要讲话[EB/OL]. http://www.gov.cn/xinwen/2018-05/19/content_5292116.htm.

体现统筹城乡发展、统筹区域发展、统筹经济社会发展、统筹人与自然和谐发展、统筹国内发展和对外开放的要求。要坚持把立法同改革发展稳定的重大决策紧密结合起来,为促进社会主义物质文明、政治文明和精神文明的协调发展服务。"[①]2005 年 3 月 12 日胡锦涛在中央人口资源环境工作座谈会上指出,要"坚持依法办事,把人口资源环境工作纳入法制轨道",对环保法制工作提出了更高的要求和明确的目标。2005 年 9 月 6 日,胡锦涛在会见第二十二届世界法律大会的部分代表的讲话中指出,将"法治与国际和谐社会确定为本次会议的主题具有重要意义,因为法治是人类文明进步的重要标志,是通过和平理性的方式解决问题,处理社会矛盾的最有效途径。法治是实现人与人、人与自然、国家与国家和睦相处的重要保障"。2005 年 12 月 14 日,国务院常务会议通过的《国务院关于落实科学发展观加强环境保护的决定》强调,"强化环境法治,完善监管体制,建立长效机制,建设资源节约型和环境友好型社会"。党的十七大报告中提出了要"全面落实依法治国基本方略,加快建设社会主义法治国家",要"坚持科学立法、民主立法,完善中国特色社会主义法律体系",与此同时还提出了"完善有利于节约能源资源和保护环境的法律和政策"的任务。党的十八大报告进一步强调,"加快建立生态文明制度,健全国土空间开发、资源节约、生态环境保护的体制机制,推动形成人与自然和谐发展现代化建设新格局"。中共中央国务院印发的《生态文明体制改革总体方案》(2015 年 9 月),把"以正确处理人与自然关系为核心""推动形成人与自然和谐发展的现代化建设新格局"作为生态文明体制改革的指导思想的重要内容,充分说明了正确处理人与自然关系和形成人与自然和谐发展的现代化建设新格局的重要性。生态文明的本质实际上就是人与自然和谐相处,生态文明建设的过程实际上就是人与自然和谐相处、共同变化、共同进步的过程。人类社会发展与自然环境演变有不可分割的联系,人与自然的关系反映着人类文明和自然演化的相互作用及其结果,人类的生存和发展依赖于自然,同时文明的进步也影响着自然的结构、功能和演化。人与自然关系要克服片面,走向全面;克服对立,走向和谐。任何时候都不能以牺牲生态环境为代价换取人类的一时发展。我们通过积极开展环境保护工作,处理和协调环境人与自然之间的关系,改善环境,实际上就是为了促进人与自然实现更高层次的和谐共处。

在现代社会,想要正确处理和协调人与自然之间的关系,进一步促进人与自然和谐发展,就必须大力推进生态文明法治建设,要通过适当的手段引

---

① 胡锦涛:"在首都各界纪念全国人民代表大会成立五十周年大会上的讲话"[N].人民日报,2004-09-16.

导人们正确认识这项建设工作的重要性，因为在现代社会，法律可以有效地调整人与自然的关系，可以说法治建设是促进和保障人与自然和谐发展的基本途径。2006 年 4 月在第六次全国环保大会上温家宝强调，“强化法治是治理污染、保护生态最有效的手段，要把环境保护真正纳入法治化轨道。加强环境立法，健全和完善环境法律体系。建立完备的环境执法监督体系，坚决做到有法必依、执法必严、违法必究，严厉查处环境违法行为和案件。深入开展整治违法排污企业、保障群众健康专项行动，决不允许违法排污的行为长期进行下去，决不允许严重危害群众利益的环境违法者逍遥法外”①。党的十八大报告指出，“加强生态文明制度建设。保护生态环境必须依靠制度”。《中共中央关于全面推进依法治国若干重大问题的决定》进一步强调，我们必须通过制定和落实严格的法律制度保护生态环境，加快建立有效约束开发行为和促进绿色发展、循环发展、低碳发展的生态文明法律制度，强化生产者环境保护的法律责任，大幅度提高违法成本。建立健全自然资源产权法律制度，完善国土空间开发保护方面的法律制度，制定完善生态补偿和土壤、水、大气污染防治及海洋生态环境保护等法律法规，促进生态文明建设。

生态文明建设的过程是一个社会全方位转变的过程，从物质的生产方式到法律、政治和文化观念等都会发生转变，因此，生态文明建设必须从社会、经济、政治和文化等各个方面着手，要明确各个方面的法律法规、发展战略和政策建议等，要把对生命和自然的尊重以及对自然的生态系统的爱护纳入政治、法律和道德体系中。从这个意义上讲，生态文明必然要求相应的法治文化即环境（生态）法治文化；环境（生态）法治文化是体现生态文明的文化形式，是生态文明的重要组成部分和最活跃的部分。建设生态文明及其“五型社会”，首先需要反映生态文明及“五型社会”所需要的法治理念，进而要求建立为其可持续发展提供规范基础的法律体系和法律制度。实践证明，生态文明建设涉及理论、思想、文化、工农业、城乡建设等各项工作，与政府组织、企事业组织和非政府组织等众多的利益主体有关，只有加强生态文明法治建设、依法办事，生态文明建设才能加快推进。

二、生态文明法律是有效促进生态文明建设的重要途径

生态文明法在整个法律体系中具有独特的作用，这些法律可以直接调

① 温家宝：“全面落实科学发展观　加快建设环境友好型社会”[N]. 光明日报，2006－04－24.

整人与自然的关系，可以直接促进生态文明建设，对于我国现代化发展的过程起着不可忽视的重要作用。依法促进生态文明建设，主要是指依照环境资源法律或生态法律促进生态文明建设。环境资源法不仅能够调整人与自然的关系，并且可以调整好人与自然的关系，这是环境资源法能够促进人与自然和谐发展和生态文明建设的主要原因。环境资源法律及其法学理论，其目的就是促进全社会树立人与自然和谐相处的环境（生态）法治观，建设人与自然和谐共处的法治秩序。

在现代社会，法律是调整社会关系的重要手段，生态文明法律就是调整人与自然关系的法律。具体来说，法律可以发挥这样的作用主要有以下理由：法律是人的行为规则；人的行为可以分为对人的行为和对自然的行为，人对人的行为形成人与人的关系，人对自然的行为形成人与自然的关系；法律既可以规定人对人的行为，也可以规定人对自然的行为，因而法律既能够调整人与人的关系，也能够调整人与自然的关系。包括环境资源法律（生态法）在内的生态文明法律是人的生态文明建设活动和环境行为的行为规则，生态文明建设活动大都是与环境资源生态有关的行为（又称环境行为），人的环境行为是指人从事的能够影响、作用环境的行为或活动。环境资源法律规定了人的环境行为，也就调整了人与自然的关系。环境资源法律通过规制或变更人对人、人对自然的行为规则，或者规定或维护人与自然的资格、利益和状态，就可以调整人与人、人与自然的关系，保障人与人、人与自然的和谐共处，促进人类生态系统即人类社会的可持续发展。适应调整人与人的关系和调整人与自然关系的需要，环境资源法律可以创制新的行为规则、权利、义务、法律制度，形成既调整人与人的关系又调整人与自然的关系的新的调整机制，以促进生态文明建设。

当前人类社会的发展建立在原来的粗放式经济增长基础上，尤其是对我国来说，中华人民共和国成立以来，为了在短时间内实现经济增长我们采取了以环境破坏为代价的发展方式，这虽然带给我国经济腾飞，同时也造成了严重的环境污染、生态破坏和资源危机，因此，我们认真总结人与自然关系和生态文明建设的经验与教训，通过理论论证和实践探索形成了全新的发展理念，也就是生态文明，这代表了人类对人与自然关系的最新认识，是可持续发展社会法治建设的思想基础之一。在强调征服、掠夺和剥削自然的工业文明时代，在强调调整人与自然关系以及与环境有关的人与人的关系的环境资源法还受到压抑的时期，旨在推进工业化的法律和法学理论曾否认或贬低法律调整人与自然关系的功能和作用，或者千方百计地用人与人的关系来代替人与自然的关系。

我国在 20 世纪 50 至 70 年代，由于受苏联“以阶级斗争为中心”和强调人与人的关系、阶级关系的法律和法学的影响，曾经对物权调整人与物关系的理论乃至整个有关人与自然关系的理论进行了相当激进的责难和批判。例如，据《政法研究》1956 年第 3 期李奋武的文章《民法所调整的财产关系是物质关系吗?》的介绍，“民法所调整的财产关系是物质关系，还是思想关系？这一问题已经引起了我国政法界和北京各政法院校的普遍注意，并因此展开了讨论。民法中所调整的财产关系是人与人之间所发生的社会关系中的一部分，这是大家一致公认的。”北京大学教授尹田在《物权法的方法与概念法学》一文中指出：在 20 世纪 70 年代到 90 年代初，中国学者普遍支持“对人关系说”，将“对物关系说”作为“资产阶级掩盖法律的阶级本质”的典型来痛加批判，成为同一时代几乎每一本民法教科书论述民事法律关系理论和所有权理论（当时，物权制度尚未被“发现”）时的“必修课”。由此可以看出这种法律和法学理论存在严重的局限性和偏狭性，严重受到了工业文明强势、阶级斗争压倒一切、生态文明尚未发展的影响。通过各国实践我们可以看出，通过法律调整人与人的关系，与通过法律调整人与自然的关系并不是完全对立的，实际上只有让这两种法律调整功能和谐共处、共同发挥作用，才可以充分发挥它们各自的作用。基于此，各国特别是西方工业发达国家通过制定和实施环境资源法，加强环境资源法治建设，已经在调整人与自然关系、保护和改善环境、防治环境法治和生态破坏、促进生态文明建设等方面取得重大进展和成果；环境资源法律可以影响人与自然这一综合体的运转方式和运转效益，从而推动和加强环境资源法治建设、实现环境资源法治、实现人与自然和谐相处的崇高目标，保障生态文明建设的顺利进行；包括环境资源法在内的生态文明建设法律已经成为调整人与自然关系、促进生态文明建设的重要工具、强大武器和基本手段。考察法律调整人与自然关系的历史发现，随着环境污染、生态破坏、资源危机的恶化，环境保护事业和生态文明社会建设的发达，以及环境资源和生态文明法治建设的发展，当今所有的环境资源法律或法规，都毫无例外地包含人与自然的关系、反映人与自然的关系、调整人与自然的关系。一部良好的环境资源法律就是一张人与自然关系的关系网，就是一幅反映、描绘人与自然和谐共处关系和生态文明的蓝图。

第二章　中国环境法治建设历程

"法治与生态的联姻,是生态文明发展的一个重要标志。"[①]就世界范围看,在1972年《人类环境宣言》发表后,保护生态环境与可持续发展逐渐成为全球共识,各国开始制定专门的环境法,并建立相应的执法和司法体制。在此背景下,中国的环境法治也逐渐走上快车道并取得了显著的成绩。

第一节　改革开放以来的环境法治发展进程

党的十一届三中全会是我国历史上的一个重大转折,由此,我国环境法治也步入了新的发展时期。本节将改革开放以来的环境法治发展进程分为以下三个阶段,分别是快速发展阶段、逐步完善阶段和大力完善阶段。

一、快速发展阶段(1978—1988)

从1979年《环境保护法(试行)》的颁布实施,到1989年国家对该法进行修改之前的十年间,是我国环境法治的迅速发展时期。

(一)《环境保护法(试行)》颁布施行

1979年9月13日,五届全国人大常委会第十一次会议原则通过了环境保护法草案,并以"试行"的形式颁布实施。在中国法治建设尚未健全的条件下,《环境保护法(试行)》的制定特别令人瞩目,标志着我国的环保法律体系开始建立。

(二)全面展开单项环境与资源保护法律、行政法规和规章的制定

1982年,全国人大再次对《宪法》做出修改,在第26条规定了"国家保护和改善生活环境和生态环境,防治污染和其他公害"。此外,《宪法》第9条、第10条、第22条也对自然资源合理开发、利用和保护做出了规定。所

① 吕忠梅.中国生态法治建设的路线图[J].中国社会科学,2013(05),第18页.

有这些修改为全方位环境与资源保护立法提供了依据。

1982—1989 年，全国人大常委会分别制定了海洋环境保护、水污染防治、大气污染防治等环境保护的法律以及森林、草原、渔业、土地、水资源野生动物保护等自然资源管理和保护的法律。此外，在一些重要的民事、行政和诉讼等基本法律与企业法律中也规定了环境保护的内容。

国务院及其环境资源主管部门还以上述法律为依据分别制定了有关排污收费、建设项目环境保护管理、拆船污染防治、工业污染防治、核电站环境管理、污染事故报告处理、植树造林、农药管理、水产资源保护、水土保持、珍稀野生动植物保护、环境监测管理、环境保护标准管理、乡镇和街道企业环境保护管理、自然资源综合利用、对外开放地区环境管理、城市环境综合整治、自然保护等方面的行政法规或部门规章。各地也相应制定了环境保护的地方性法规与规章。

除制定国内环境法外，我国政府还积极参加国际环境保护合作，并加入或签署了一些重要的国际环境保护公约、协定和双边协定。如《濒危野生动植物国际贸易公约》(1980 年)、《保护世界文化和自然遗产公约》(1985 年)以及我国和日本两国签署的《保护候鸟及其栖息环境协议》(1981 年)等。

在完善环境与资源保护立法的同时，我国还依法制定和颁布实施了包括大气、水质、噪声在内的有关环境质量标准、污染物排放标准、环保基础和方法标准等国家或地方环境标准。

至此，基本上形成了以宪法关于环境保护的规定为基础，以综合性的环境保护基本法为中心，并由保护自然资源、防治污染的一系列单行法规和具有规范性的环境标准，以及其他相关部门法有关环境保护的规范组成的独立的环境与资源保护法律部门。

二、逐步完善阶段(1989—2007)

1989 年 12 月 26 日，七届全国人大常委会第十一次会议通过《环境保护法》，这标志着中国环境法治建设的重大发展。2005 年 10 月中共中央十六届五中全会通过关于制定“十一五”规划的建议，明确提出了以科学发展观统领经济社会发展全局，“建设资源节约型、环境友好型社会”的观点。同年 12 月，国务院《关于落实科学发展观加强环境保护的决定》把加强生态保护和建设作为实施可持续发展战略、构建和谐社会的重要内容。对于推动我国生态保护政策法律进入新阶段，它提供了承上启下的关键作用。它们表明中国环境法律体系进入了以“科学发展观”为指导思想的逐步完善阶段。

1992 年里约会议以后，我国根据会议精神提出了中国的可持续发展战略，对已颁行的环境与资源保护法律进行了修订，积极制定新的法律，以保证可持续发展战略的顺利实施。

这一时期，在污染防治方面颁布或修订了一系列单行法律法规，如《水污染防治法》(1996 年修订)、《大气污染防治法》(1995 年、2000 年修订)、《中华人民共和国环境噪声污染防治法》(以下简称《噪声污染防治法》，1996 年)、《中华人民共和国固体废物污染环境防治法》(以下简称《固体废物污染环境防治法》，1995 年、2004 年修订)等。在保护自然环境和资源方面，颁布或修订了《水土保持法》(1991 年、2010 年修订)、《森林法》(1998 年修订)、《草原法》(1985 年、2002 年修订)、《土地管理法》(1998 年修订)、《水法》(2002 年修订)、《中华人民共和国可再生能源法》(以下简称《可再生能源法》，2005 年)等。在环境管理方面，颁布了《环境保护行政处罚办法》(1992 年)、《建设项目环境保护管理条例》(1998 年)、《环境保护违法违纪行为处分暂行规定》(2006 年)。在环境标准方面，20 世纪 80 年代末至 90 年代颁布了一批具有规范性的环境质量标准、污染物排放标准和技术方法标准。在其他一些部门法的立法中，也体现了环境保护的理念。1997 年《中华人民共和国刑法》(以下简称《刑法》)专门设立了一节“破坏环境资源保护罪”；2007 年《中华人民共和国物权法》(以下简称《物权法》)中对所有权的保护与限制、对相邻环境关系的保护、对土地等资源的用益物权的规定客观上都能起到保护环境的作用。

与此同时，我国进一步加强国际环境合作，签署了一系列国际环境保护公约文件，如《干预公海非油类物质污染议定书》(1990 年加入)、《巴塞尔公约》(1991 年加入)、《湿地公约》(1992 年加入)、《气候变化框架公约》(1993 年加入)、《防治荒漠化公约》(1997 年加入)、《持久性有机污染物公约》(2001 年加入)、《京都议定书》(2002 年加入)、《卡塔赫纳生物安全议定书》(2005 年加入)等。

这一阶段环境与资源保护立法的发展，有以下三个特点：第一，按照《里约宣言》的要求，把环境与资源保护融入经济发展的进程之中；第二，在政策法律的制定和修改过程中，不断融入“科学发展观”这一指导思想；第三，在管理体制和监管模式上，立法开始改变由环保部门一家管理环境问题的不利局面，改由海关、商务、税务、价格、土地、水利、林业、海洋、金融、证券等部门分工配合，把环境与资源保护的行为规范要求分解到相应的经济和社会发展领域之中。

三、大力完善阶段(2008 年至今)

2007 年 10 月,中共十七大发展了科学发展观,明确提出建设生态文明的要求。十七大报告提出:“建设社会主义生态文明,基本形成节约能源资源和保护生态环境的产业结构、增长方式、消费模式。”提出建设生态文明的具有里程碑性质的重大意义。它表明中国执政党和政府关于生态环境的理念发生了根本性转变,而根据科学/技术、信仰/理念、政策/法律之间的三者关系理论,这一理念必将对中国的政策法律产生影响;中国共产党的执政党地位,决定了生态文明必然成为中国政府政策和法律的灵魂。特别是,在完善中国特色社会主义法律体系方面,十七大对环境与资源保护法治建设提出了新的要求:“完善有利于节约能源资源和保护生态环境的法律和政策,加快形成可持续发展的体制和机制。”在改进我国环境与资源保护法律体系的过程中,要始终坚持以科学发展观为总的指导思想,按照“有利于节约能源资源和保护生态环境”的思路确立改进我国环境与资源保护法律体系的宗旨和原则,推动生态文明建设进程。自此,中国进入了以生态文明为理念大力完善环境与资源保护法治的新阶段。

首先,全国人大及其常委会制定和修改了一些环境与资源保护法律。例如,2008 年 2 月 28 日修订了《水污染防治法》,2008 年 8 月 29 日制定了《中华人民共和国循环经济促进法》(以下简称《循环经济促进法》),2009 年 12 月 26 日制定了《中华人民共和国海岛保护法》(以下简称《海岛保护法》)、修改了《可再生能源法》,2014 年 4 月 24 日修订了《环境保护法》,2015 年 8 月 29 日修订了《大气污染防治法》,2016 年 7 月 2 日修订了《中华人民共和国环境影响评价法》(以下简称《环评法》)、《中华人民共和国节约能源法》(以下简称《节约能源法》)、《水法》、《野生动物保护法》等。另外,我国《中华人民共和国核安全法》(以下简称《核安全法》)、《中华人民共和国土壤污染防治法》(以下简称《土壤污染防治法》)也分别于 2018 年 1 月 1 日和 2019 年 1 月 1 日开始施行。其中,修订后的《环境保护法》对生态保护做出了一些突破性的规定。例如,对立法目的(第 1 条)、联合防治协调机制(第 20 条)、生态红线的划定(第 29 条)、资源开发中的生态保护(第 30 条)、生物多样性保护(第 30 条)、生态保护补偿制度(第 31 条)、公益诉讼(第 58 条)、侵权民事责任(第 64 条)、行政责任(第 68 条)、刑事责任(第 69 条)等作出了原则性规定。此外,2009 年 12 月 26 日制定的《中华人民共和国侵权责任法》(以下简称《侵权责任法》),规定了环境与资源保护方面的侵权责任。2017 年 3 月 15 日制定的《中华人民共和国民法总则》(以下简称《民法总则》)第 9 条规定:“民事主体从事民事活动,应当有利于节约资源、保护生态环境。”

其次,一些重大政策文件和规划文件出台。2014 年 10 月《中共中央关于全面推进依法治国若干重大问题的决定》指出:要实现经济发展、生态良好,就必须更好发挥法治的引领和规范作用;要用严格的法律制度保护生态环境,加快建立有效约束开发行为和促进绿色发展、循环发展、低碳发展的生态文明法律制度等,促进生态文明建设。

2015 年 4 月中共中央国务院《关于加快推进生态文明建设的意见》要求:加快建立系统完整的生态文明制度体系,加快推进生态文明建设,增强生态文明体制改革的系统性、整体性、协同性。同年 9 月,中共中央和国务院印发《生态文明体制改革总体方案》,提出了生态文明体制改革的总体要求,并明确要求:健全自然资源资产产权制度,建立国土空间开发保护制度,建立空间规划体系,完善资源总量管理和全面节约制度,健全资源有偿使用和生态补偿制度,建立健全环境治理体系,健全环境治理和生态保护市场体系,完善生态文明绩效评价考核和责任追究制度等。同年 12 月,中共中央办公厅和国务院办公厅联合印发《生态环境损害赔偿制度改革试点方案》,它的目的在于修复受损生态环境,破解“企业污染、群众受害、政府买单”的困局,促使政府履行环境保护职责。

为了贯彻落实“十三五”规划,大力推进生态文明建设,按照山水林田湖系统保护的要求,通过强化生态监管、完善制度体系,促使生态空间得到保障、生态质量稳中有升、生态功能逐步改善、维护国家生态安全,2016 年 11 月 24 日国务院印发《“十三五”生态环境保护规划》,10 月 27 日环境保护部印发《全国生态保护“十三五”规划纲要》。它们以“创新、协调、绿色、开放、共享”五大发展理念为指导,为生态环保领域实现生态文明变革作出了战略安排,已经并将继续影响我国各效力位阶环境与资源保护法律的制定和实施。

司法方面,最高法院 2014 年 6 月 23 日发布《关于全面加强环境资源审判工作为推进生态文明建设提供有力司法保障的意见》、2014 年 12 月 26 日联合民政部和环境保护部发布《关于贯彻实施环境民事公益诉讼制度的通知》等,为环境与资源保护法律的实施提供了司法保障。

可以看出,中共十七大以来,基于生态文明建设,我国已经将生态保护置于涉及环境保护、自然资源开发利用、改革发展工作的核心或者关键位置,生态环境保护政策法律呈现出不断加强的态势,环境与资源保护法治进入了大力完善的新阶段。

第二节　科学发展路径下的环境法治建设及成绩

一、我国的环境立法

(一)环境立法体系日益健全

中国现代意义上的环境立法起步于20世纪70年代。1971年中国恢复在联合国的合法席位,1972年6月即首次派团出席联合国人类环境会议,不仅了解到其他国家环境污染状况,也意识到本国环境问题的严重性。1973年8月5日至20日国务院召开第一次全国环保会议,通过了全国第一部环保法规《关于保护和改善环境的若干规定(试行草案)》,确立了"全面规划,合理布局,综合利用,化害为利,依靠群众,大家动手,保护环境,造福人民"的32字环保方针,标志着中国现代环保事业开始起步。①

从1973年第一部环保法规出台至2015年1月1日修订后的《中华人民共和国环境保护法》正式实施,我国共出台有关环境保护的法律30余部,行政法规90余部,以及大批地方性法规。各项重大环保制度依法建立,环境立法速度居各部门法之首。另外,还颁布了近1500项国家环境标准,且环境标准和技术性规范的要求越来越严格,弥补了传统环境管制手段的不足,成为强化环境管理的有效措施。可以说,经过40多年的发展,我国环境立法体系已日臻完善,在污染防治、资源保护、能源节约、生态保育等领域基本实现了"有法可依",环境立法成就斐然。

(二)环境立法理念不断进步

与环境立法体系日益健全的过程相对应,我国环境立法的理念也在不断进步。

1973年8月29日颁布的我国第一部环保法规《关于保护和改善环境的若干规定(试行草案)》,尽管所列条文从逻辑结构角度看并不完整,不具备严格的法律规范形式,但其所反映的立法理念即使从今天看,仍有指导意义。该法规首先强调了全面规划和工业合理布局的重要性,然后依次规定

① 林木.1973年12月:新中国第一部环保法规的制定[J].党史博览,2013(08),第2页.

了城市的环境保护，工业三废的减量化、无害化以及综合利用，建设项目的三同时制度，有利于环保的税收价格倾斜，土壤植被的保护，无公害农业，水功能区划分管理，主要江湖流域管理，统一管理与分工负责相结合污染防治体制，植树造林，加强自然保护区管理，保护野生动植物，多层级的环境监测，大力开展环保科研，做好环保宣传教育等。其内容基本覆盖了环境立法体系的各个重要方面，体现了预防为主、防治结合、清洁生产、循环经济、生态农业等先进理念。

1978 年 3 月五届全国人大一次会议通过的《宪法》修正案，首次将环保要求纳入国家根本大法，其第 11 条第三款明确规定“国家保护环境和自然资源，防治污染和其他公害”。据此，1979 年 9 月 13 日，第五届全国人大常委会通过了我国第一部环境保护法律《环境保护法（试行）》。该法全面吸收了 1973 年《关于保护和改善环境的若干规定（试行草案）》所提出的环保 32 字方针，规定在制定国民经济发展计划时统筹安排环境保护与改善，有计划地解决已经造成的环境污染和其他公害，确立了“谁污染谁治理”原则和“环境影响评价”“三同时”“超标排污收费”“限期治理”等制度，另外还专章规定了环保科学研究和宣传教育问题。但受限于当时的历史背景，该法仅有一条与奖励规定并列的惩罚规定，仅规定对于违法的单位，“各级环保机构要分别情况，报经同级人民政府批准，予以批评、警告、罚款，或者责令赔偿损失、停产治理”；对于引起严重后果的个人，“要追究行政责任、经济责任，直至依法追究刑事责任”。这一概括性规定不仅对环境执法的指导性有限，并且有关所有处罚都要报经同级政府批准才能作出的规定实际意味着各级环保机构并没有独立的执法权。

1982 年五届全国人大五次会议通过的《宪法》修正案在“保护环境和自然资源，防治污染和其他公害”概括性规定基础上，增加了对自然资源保护的规定。该法第 9 条规定：“矿藏、水流、森林、山岭、草原、荒地、滩涂等自然资源，都属于国家所有，即全民所有；由法律规定属于集体所有的森林和山岭、草原、荒地、滩涂除外。”“国家保障自然资源的合理利用，保护珍贵的动物和植物。禁止任何组织或者个人用任何手段侵占或者破坏自然资源。”第 10 条第五款规定：“一切使用土地的组织和个人必须合理地利用土地。”第 26 条规定：“国家保护和改善生活环境和生态环境，防治污染和其他公害。”“国家组织和鼓励植树造林，保护林木。”这些规定为我国后续的环境立法提供了根本法的依据，并极大地推动了我国环境立法体系的构建。此后 8 年间，我国相继制定了《海洋环境保护法》《水污染防治法》《大气污染防治法》《森林法》《草原法》《渔业法》《矿产资源法》《土地管理法》《水法》《野生动物保护法》，并对《环境保护法（试行）》进行了修改，因此，到 20 世纪 90 年代初，我国环境立法体系已经初具雏形。

然而，也正因为农林、渔业、矿产、水利等资源管理机构的日益健全及其管理权限不断扩张，资源管理和污染防治的职能界限和冲突也日益显现。自 1983 年《环境保护法（试行）》被提上修法议程，直至 1989 年 12 月 26 日经第七届全国人大常委会第十一次会议修改正式通过，围绕环境保护法的适用范围、环保管理体制、环保部门的权限范围，以及能否对环保违法行为实施相对科学但严厉的处罚措施等问题，环保部门和资源管理部门、经济行政部门以及企业间展开了激烈争论，最终，“不能因环境保护阻碍经济发展”的观点占据上风。① 并且，有关部门和专家学者极力促成其为全国人大通过的环境基本法的设想最终也没能得到立法者的支持，在此意义上，从试行到正式通过，《环境保护法》的法律地位和作用并没有得到实质性的提升，只在原则和制度上取得了一些可圈可点的所谓进步。②

1989 年《环境保护法》第 4 条规定：“国家制定的环境保护规划必须纳入国民经济和社会发展计划，国家采取有利于环境保护的经济、技术政策和措施，使环境保护工作同经济建设和社会发展相协调。”有学者将之概括为“经济建设和环境保护协调发展的原则”③，尽管从实现协调的结果上讲，何者为主、何者在先并不重要，但是不同的语序代表了不同的立法理念。环境法学者的善意解释并不能替代立法原意和法律运行的残酷现实。立法表述的是“使环境保护工作同经济建设和社会发展相协调”④，其实质是在环境保护与经济建设二者关系上，采纳了经济建设优先的主张，而将环境保护置于经济建设的从属地位。与 1979 年《环境保护法（试行）》中有关在制定经济发展计划时统筹安排环境保护与改善的规定相比，并没有实质性的改变。除此之外，有学者依据该法第 13 条和第 24 条概括出“以防为主、防治结合、综合治理”的原则；依据该法第 21 条以及《水法》第 16 条、《草原法》第 12 条等规定，概括出“谁开发谁保护”的原则；依据该法第 6 条概括出“依靠群众保护环境”的原则。⑤ 另外，该法最突出的立法意义是确立了我国现行的

① 舒旻.中国环境立法的审视与检讨[J].中国地质大学学报（社会科学版），2009，9(05)，第 10—15 页.

② 孙佑海.改革开放以来我国环境立法的基本经验和存在的问题[J].中国地质大学学报（社会科学版），2008(04)，第 41—50 页.

③ 韩培德.环境保护法教程（第二版）[M].北京：法律出版社，1990，第 51—52 页.

④ 2014 年新的《环境保护法》第 4 条将此规定修改为：“国家采取有利于节约和循环利用资源、保护和改善环境、促进人与自然和谐的经济、技术政策和措施，使经济社会发展与环境保护相协调。”

⑤ 韩培德.环境保护法教程（第二版）[M].北京：法律出版社，1990，第 56—64 页.

"环保部门统一监管与部门分工负责相结合"的环保管理体制。而这点改变究竟能否称之为"进步"实则值得商榷，北京大学汪劲教授认为，"这一看上去很美的环保管理体制，在实践中却是影响环保法律实施的桎梏"，因为在实践中，资源管理和经济行政部门的"分管"权力严重制约了环保部门的"统管"职权，交叉、重叠甚至冲突的行政职能不仅在各部门间形成内耗，还极大影响了环保执法的效率。①

因为立法理念和制度的相对滞后等原因，1989 年的《环境保护法》施行后修改呼声不断，从 1995 年到 2012 年，全国人大代表共有 2400 多人次提出修改环保法的议案 78 件。② 与此同时，国内外政治经济形势发生了很多有利于我国环境立法的变化。

1992 年 6 月联合国环境与发展大会通过《里约环境与发展宣言》（又称《地球宪章》）、《21 世纪议程》和《关于森林问题的原则声明》等 3 项文件，并对《联合国气候变化框架公约》和《联合国生物多样性公约》进行了开放签字，在国际社会确认了可持续发展的法律地位。会后中国发布了《中国环境保护行动计划》（1991—2000 年）和《中国 21 世纪议程》等行动方案，提出要建立体现可持续发展的环境法律体系，并将环境立法列为新的优先项目计划。

1992 年 10 月，党的十四大报告明确提出我国经济体制改革的目标是建立社会主义市场经济体制，1993 年《宪法》修正案确认了该目标；1997 年 9 月，党的十五大报告正式提出"依法治国"方略，1999 年《宪法》修正案确认了该方略。自此，"市场经济、可持续发展、依法治国一起，开始共同影响中国环境法治的发展模式和方式"③，将市场经济手段引入环境法治，弥补单一行政手段保护环境的不足，日渐成为环境法学界和实务部门的共识，排污权交易开始试点实践。但是总的环保形势仍在继续恶化，进入 21 世纪后，环境资源问题已然成为制约我国社会经济进一步发展的瓶颈。2003 年党的十六届三中全会明确提出"坚持以人为本，树立全面、协调、可持续的发展观，促进经济社会和人的全面发展"；2005 年十六届五中全会进一步提出"加快建设资源节约型、环境友好型社会，大力发展循环经济，加大环境保护

---

① 汪劲. 中国环境法治三十年：回顾与反思[J]. 中国地质大学学报（社会科学版），2009，9(05)，第 3－9 页.

② 王萍. 从"小修小补"到"动大手术"——环境保护法修法之路[J]. 中国人大，2014(09)，第 14－17 页.

③ 常纪文. 三十年中国环境法治的理论与实践[J]. 中国地质大学学报（社会科学版），2009，9(05)，第 28－35＋42 页.

力度,切实保护好自然生态,认真解决影响经济社会发展特别是严重危害人民健康的突出的环境问题,在全社会形成资源节约的增长方式和健康文明的消费模式”。同年,松花江污染事故发生后,《国务院关于落实科学发展观加强环境保护的决定》又明确要求“弘扬环境文化,倡导生态文明”,并将之作为“强化环境法治”的前提条件。2007 年党的十七大报告明确阐释了科学发展观,并且明确提出实现全面建设小康社会奋斗目标的新要求包括“建设生态文明,基本形成节约能源资源和保护生态环境的产业结构、增长方式、消费模式。”2012 年党的十八大报告首次专篇论述生态文明建设,并将生态文明建设与经济建设、政治建设、文化建设、社会建设并列,纳入中国特色社会主义建设“五位一体总布局”,提出“生产发展、生活富裕、生态良好”的文明发展道路;明确“尊重自然、顺应自然、保护自然”的生态文明理念;强调把生态文明建设放在突出地位,融入经济建设、政治建设、文化建设、社会建设各方面和全过程;并将“美丽中国”和“中华民族永续发展”作为生态文明建设的宏伟目标。2017 年党的十九大指出“像对待生命一样对待生态环境,统筹山水林田湖草系统治理,实行最严格的生态环境保护制度,形成绿色发展方式和生活方式。”

从国际社会的可持续发展共识,到国内科学发展观、两型社会、生态文明等概念的提出,我国环境立法所依据的指导思想和价值理念一直在不断提升。2018 年一部被称为“绿色税法”的《中华人民共和国环境保护税法》于 2018 年 1 月 1 日正式实施。开征环保税是党中央、国务院推进生态文明建设、落实绿色发展理念的重大战略举措,旨在保护和改善环境,减少污染物排污,推进生态文明建设。它的问世意味着在中国推行多年的排污收费制度向环保税制度的转换将正式启动。在贯彻党的十九大精神的开局之年,我国的环境法治将步入新的征程。

二、我国的环境行政

(一)环境行政机构不断升格

我国当代环境管理的历史可以追溯至 20 世纪 70 年代初。受 1972 年联合国人类环境会议的影响,我国政府开始关注环境问题。会后由国家计划委员会牵头成立了国务院环境保护领导小组筹备办公室。1972 年 6 月,国务院成立官厅水库水源保护领导小组,启动了全国第一个水污染治理项目。1973 年 8 月召开的第一次全国环境保护会议不仅通过了我国第一部环保法规,也直接推动了环境监管机构的建设。1974 年 10 月 25 日,国务院环境保护领导小组正式成立，由计划、工业、农业、交通、水利、卫生等部委领导人组成，主要职责是制定环境保护方针、政策和行政规章，拟定国家环保规划，组织协调和监督检查各地区、各部门的环保工作。该领导小组下设一个办公室，负责处理日常事务。1979 年《环境保护法(试行)》第 26 条至 28 条详细规定了从国家到地方各级乃至大中型企事业单位环保机构的设置和职能。1982 年国务院机构改革设置“城乡建设环境保护部”，下设“环境保护局”作为全国环保主管机构，旨在加强环保监督工作，但结果因为与城乡建设合二为一的设置，反而在实质上冲击了刚刚成型的环保队伍，一定程度上削弱了环保工作。

1984 年 5 月，为加强对全国环境保护的统一领导和部门协调，根据《国务院关于环境保护工作的决定》，国务院环境保护委员会成立，作为国务院环保工作的议事和协调机构，组织协调全国环保工作，其办事机构设在城乡建设环境保护部。1984 年 12 月，城乡建设环境保护部下属的环保局更名为国家环保局，成为国务院环境保护委员会的办事机构，具有相对独立性。1988 年 4 月，国家环保局从城乡建设环境保护部彻底独立出来，成为国务院直属局(副部级)，标志着我国环保机构建设进入一个新的发展阶段。

1989 年经修订后正式通过的《环境保护法》第 7 条明确规定了我国环保监管体制是环保部门统一监管与各部门分工负责相结合的体制。国家海洋行政主管部门，港务监督、渔政、军队、铁道、交通、民航等管理部门，依据有关法律规定开始对环境污染防治实施监督管理，而国土、水利、矿产、农林等部门也相继成立环保监管机构，依法对自然资源保护实施监管。1993 年国务院机构改革中，国家环保局作为国务院直属机构得以保留。各级地方政府也设置了相应的环保机构，对辖区内环保工作实施统一监管。1998 年国务院机构改革中，国务院环境保护委员会被撤销，有关组织和协调职能并入国家环保局升级后的国家环保总局(正部级)，并且明确国家环保总局以环境执法监督为基本职能，其主要任务是贯彻执行国家环保工作，防治环境污染，保护自然生态，改善环境质量，促进经济和社会的可持续发展。

2008 年国务院机构改革中，在减少 4 个正部级机构的同时，国家环保总局升格为环境保护部，尽管升格本身并没有实质改变其职责和权限，但充分表明国家对环境保护的重视提高到一个新的高度。

(二)环境行政之功有目共睹

20 世纪 70 年代末到 80 年代初，随着我国环境保护机构的成立，环境监测、环境规划、排污收费、限期治理等环境执法管理在全国各地陆续展开。在环境监测方面，80 年代初，全国已建立了 650 多个监测站，其中地、市以上的有399个,初步形成以大中城市为中心的大气监测网络和以水系、海域为中心的水质监测网络。从1981年开始,先后有61个城市编报了《环境质量报告书》。在环境规划方面,1979年以后,国家先后确定北京、上海、杭州、苏州等22个城市为环保重点城市,在其城市发展规划中纳入环保工作,结合城市改造与建设,调整了一些不合理布局,新建了一批环保项目。在环境质量的某些方面,比过去有了明显好转。在排污收费方面,以收费促进污染源治理并积累环境治理资金(以辽宁省为例,在其1325个治理项目的投资中,排污费补助资金达13700万元,占项目总投资的34.8%),对加快污染治理步伐具有很大意义。在限期治理方面,1979年,国家下达指令,要求167个重点污染企业限期治理,截至1983年,已完成80%以上。结合工业调整,1981、1982年两年共关停并转能耗高、浪费大、污染严重的企业11000多个,为这些企业所在地区的环境质量的改善创造了有利条件。另外,以《环境保护法(试行)》为依据,对于严重污染和破坏环境,引起人员伤亡或造成农、林、牧、副、渔业重大损失的单位领导人、直接责任人或其他公民已经开始追究行政责任和经济责任。①

1996年6月5日,世界环境日,国务院新闻办发布了我国第一个环境保护白皮书。书中概述了我国环境保护在工业污染防治、城市环境综合整治、国土整治、农村环境保护、生态环境与生态多样性保护、环境科学技术和环境宣传教育等领域做出的成就与存在的问题。以工业污染防治为例,我国环境执法取得的成就主要包括:(1)通过推行环境影响评价和"三同时"制度,在控制新污染源方面取得成效。全国县以上建设项目环境影响评价率和"三同时"执行率分别达到60.8%和87.3%。到1995年底,全国开展排污申报登记的城市有480个,企业7.7万家;发放排污许可证的城市有240个,企业1.4万家,发证1.6万份。1979年至1996年,全国共征收排污费247亿元。(2)工业污染防治措施逐步完善。第一,通过调整产业结构、产品结构和结合技术改造,推行清洁生产,完成了一大批污染治理项目;第二,结合城市环境综合整治和区域改建,关闭、搬迁、治理了一批污染严重的企业;第三,加大污染限期治理的力度;第四,污染防治向区域和流域综合整治发展;第五,大力推进节能降耗,提高废气、废水、废渣"三废"处理能力和综合利用率。"八五"期间(1991—1995),中国每万元国内生产总值能耗由1990年的5.3吨标准煤下降到1995年的3.94吨;1995年,全国县以上工业企业废水处理率76.8%,燃料燃烧废气消烟除尘率88.2%,生产工艺废气净化处理率68.9%,工业固体废物综合利用率43.0%,工业"三废"综合

① 余文涛.中国的环境保护[M].北京:科学出版社,1987,第438—444页.

利用产值190亿元。总体来说，改革开放以来，中国国民生产总值翻了两番，污染物排放的增长速度明显低于经济增长速度，部分地区和城市的一些环境质量指标基本保持稳定，有的还在一定程度上有所改善。①

时隔10年，国务院新闻办公室发布了《中国的环境保护(1996—2005)》白皮书，明确提供了我国环境监管的队伍建设数据和行政执法数据，并对我国环境行政执法的成果进行了总结。截至2006年6月，全国有各级环保行政主管部门3226个，从事环境行政管理、监测、科学研究、宣传教育等工作的总人数达16.7万人；有各级环境监察执法机构3854个，总人数达5万多人；各级政府综合部门和资源管理部门以及多数大中型企业也设有环保机构，负责本部门和企业的环境保护工作，从业人员达30多万。环保行政主管部门已连续3年开展整治违法排污企业、保障公民健康环保专项行动，依法查处7.5万多起环境违法案件，取缔关闭违法排污企业1.6万家，对1万多个环境污染问题实行挂牌督办；另外，还开展矿山生态环境保护和海洋环境保护专项执法检查，依法处理多起违法行为。“九五”(1996—2000)期间，国家关闭8.4万家严重浪费资源、污染环境的小企业。“十五”(2001—2005)期间，连续三次发布淘汰落后生产能力、工艺和产品的目录，淘汰3万多家浪费资源、污染严重的企业，并对资源消耗大、环境污染重的钢铁、水泥、电解铝、铁合金、电石、炼焦、皂素、铬盐等8个重污染行业进行集中整顿，停建、缓建项目1900多个。2005年，关停污染严重、不符合产业政策的钢铁、水泥、铁合金、炼焦、造纸、纺织印染等企业2600多家，并对水泥、电力、钢铁、造纸、化工等重污染行业积极开展综合治理和技术改造，使这些行业在产量逐年增加的情况下，主要污染物排放强度呈持续下降趋势。另外，在循环经济实践、防范突发环境事件、对工业危险废物实行全过程管理、核与辐射环境安全管理等方面作出了积极努力。②

“十一五”(2006—2010)期间，我国环境行政执法从执法体制、执法队伍、执法手段、执法力度、执法效果上较之以往都有了更大进步。“十一五”期间，国家组建了华北、华东、华南、西北、西南、东北6个区域环境保护督查中心，扩建了6个地区核与辐射安全监督站。截至2009年年底，全国环保系统共有12657个机构，从业人员达到18.8万，地方各级环保部门的机构和队伍得到加强。执法综合手段方面，环境保护部与人民银行、银监会联合

---

① 国务院新闻办公室.中国的环境保护[M].北京：中国环境科学出版社，1996，第10—14页.

② 中国的环境保护(1996—2005)[EB/OL].http://www.nwccw.gov.cn/2017-04/11/content_155759.htm.

推出了“绿色信贷”政策，通过向人民银行提供环境违法企业信息，使一批环境违法企业的贷款受到限制；与商务部联合加强了对“两高一资”出口企业或产品的环境监管；与证监会联手开展了对公司上市、再融资的环保核查和信息披露，强化了排污费征收工作，促进了企业污染治理。“十一五”期间共征收排污费847亿元，环境经济政策的作用日益显现。在针对重金属污染、造纸企业、污水处理厂和垃圾填埋场等重点问题开展的专项检查中，全国环保部门共出动执法人员1065万余人次，检查企业446万多家次，查处环境违法企业8万多家次，取缔关闭违法排污企业7293家，停产整治企业5981家，限期治理企业6432家，挂牌督办环境违法案件1.9万余件。截至2010年6月底，全国累计完成293万吨历史遗留铬渣无害化处理。① 为了加大环境执法力度，许多地方的环保部门与公安部门联合执法，借助公安的强制手段(如依法强制拆除违法设备、公安执法人员依法对责任人员进行刑事拘留等)，增强环境执法的威慑力。有的地方还整合环保和公安的力量强化对违法行为的责任追究，加强了环保部门的协调能力，对遏制当地环境违法案件高发的态势起到了积极的效果。②

党的十八大以来，党中央把生态文明建设列入中国特色社会主义“五位一体”总体布局。习近平总书记提出了一系列新理念、新思想、新战略，环境保护的力度有所加强，生态文明的进程明显加快。2013年开始实施《大气污染防治行动计划》，即《大气十条》;2015年4月份，发布实施《水污染防治行动计划》，即《水十条》，可以说，在整个“十二五”期间，环境法治建设取得了显著的进步。截至2015年底，中国的城镇污水日处理能力由2010年的1.21亿吨增加到1.82亿吨，已成为全世界污水处理能力最大的国家之一；安装脱硫设施的煤电机组由5.3亿千瓦增加到8.9亿千瓦，安装率由83%增加到99%以上；安装脱硝设施的煤电机组由0.8亿千瓦增加到8.3亿千瓦，安装率由12%增加到92%；安装脱硫设施的钢铁烧结机面积由2.9万平方米增加到13.8万平方米，安装率由19%增加到88%；安装脱硝设施的新型干法水泥生产线由零增加到16亿吨，安装率也达到92%。2011年到2014年，我国累计淘汰火电装机2365万千瓦，淘汰炼铁产能7700万吨、炼钢7700万吨、水泥6亿吨、造纸2900万吨、制革3200万标张、印染100亿米，“十二五”重点行业淘汰落后产能任务均提前一年完成。工业本身的排

① 周生贤.紧紧围绕主题主线新要求，努力开创环保工作新局面——在2011年全国环境保护工作会议上的讲话[N].中国环境报，2011-01-17.

② 孙佑海.“十一五”中国环境法治回顾、评价与展望[J].中国政法大学学报，2012(01)，第44-52+159页.

污情况也在明显好转，比如，全国火电行业二氧化硫、氮氧化物排放量累计下降47%和50%，全国单位工业增加值COD和氨氮排放强度分别下降42%和48%。“十二五”四个污染物总量控制指标，水的两个——COD和氨氮，大气的两个——二氧化硫和氮氧化物，均提前超额完成减排任务。[①]

三、我国的环境司法

改革开放40余年来，我国公安机关、检察机关和审判机关办理了大量的环境民事诉讼、环境行政诉讼和环境刑事诉讼案件。这有效地维护了公民的环境权益，有效地惩罚了破坏环境资源的犯罪分子，有效地督促了环保执法机关依法行政。全国各地律师事务所和广大律师为环境纠纷案件的当事人提供了全面、高效和及时的法律服务。

当前，山西省、吉林省、贵州省等已经成立了生态环境损害司法鉴定机构。以贵州省为例。2018年1月，贵州省环科院申请的全省首家环境损害鉴定鉴定资质获得省司法厅批准，业务范围包含污染物性质鉴定、地表水和沉积物环境损害鉴定、空气污染环境损害鉴定、土壤与地下水环境损害鉴定、其他环境损害鉴定(噪声)5个类别，共有16人具备司法鉴定人执业证，其中11人为高级工程师，5人为工程师，博士后1人，博士2人，硕士11人，本科2人。此次贵州省首家环境损害司法鉴定资质的成功获批，标志着贵州省环境损害司法鉴定评估工作将迈上一个新的台阶，开始步入法治化轨道。环境污染损害鉴定综合运用经济、法律、技术等手段，对各类环境污染导致的损害范围、程度等进行合理鉴定、测算，出具鉴定意见和评估报告，为环境管理、环境司法等提供服务。环境污染损害鉴定意见是进行责任认定和司法审判的重要依据，可为环境污染案件审理提供专业技术支持，是全面试行生态环境损害赔偿制度强有力的技术支撑。环境损害评估咨询团队将秉承客观公正的原则，为广大客户提供优质高效的环境污染损害鉴定与评估服务，为贵州省生态文明试验区建设做出积极贡献，进而推进我国的环境司法进程。

此外，海南省、山东省、江西省、重庆市、湖北省等省市也在大力推进环境损害司法鉴定工作。以湖北省为例。2018年5月，湖北省环保厅联合省司法厅印发了《关于增补遴选湖北省环境损害司法鉴定机构登记评审专家库专家的通知》(以下简称《通知》)。《通知》表明，将进一步完善专家库人

---

① 国新办举行大气污染治理和环境保护情况中外媒体见面会[EB/OL]. http://www.scio.gov.cn/xwfbh/xwbfbh/wqfbh/33978/34172/index.htm.

员，规范湖北环境损害司法鉴定机构登记评审工作。前期湖北省根据《最高人民法院、最高人民检察院、司法部关于将环境损害司法鉴定纳入统一登记管理范围的通知》《司法部、环境保护部关于规范环境损害司法鉴定管理工作的通知》的有关要求，严格开展环境损害司法鉴定的登记管理工作，为保障环境损害诉讼的顺利进行提供有力支撑。为进一步做好湖北环境损害司法鉴定机构登记评审工作，省司法厅从以下几个方面着手：

(1)审核登记了湖北省第一家环境损害司法鉴定机构。2017 年底，省司法厅在武汉市组织召开了“湖北省环境科学研究院生态环境损害司法鉴定中心”机构申请专家评审会，邀请来自全国的污染性质鉴定、地表水和沉淀物环境损害鉴定、空气污染环境损害鉴定、土壤与地下水环境损害鉴定、生态系统环境损害鉴定、其他环境损害鉴定等方面的专家 11 名，组成评审小组负责审查工作，从机构整体情况、实验室及仪器设备等技术条件、鉴定人技术能力 3 方面对中心设立进行全面质询、讨论。在此基础上，严格按照《司法鉴定机构登记管理办法》和《环境损害司法鉴定机构登记评审办法》要求，审核登记了湖北省第一家环境损害司法鉴定机构。

(2)建立了环境损害司法鉴定管理制度。按照司法部、环保部的有关要求，结合湖北省实际，省司法厅、省环境保护厅联合下发了《湖北省司法厅、湖北省环境保护厅关于进一步规范我省环境损害司法鉴定管理工作的通知》《省环境保护厅办公室、省司法厅办公室关于公开遴选湖北省环境损害司法鉴定专家库专家的通知》等文件。

(3)建立了地方专家库。为充分发挥专家在环境损害司法鉴定工作中的作用，省环境保护厅、省司法厅组织开展了全省环境损害司法鉴定机构登记评审专家库专家遴选工作。专家库下设污染物性质鉴别、地表水和沉积物、环境大气、土壤与地下水、生态系统、环境经济、其他类 7 个领域的分库。

下一步，湖北省司法厅将依托全省优势鉴定行业领先的科学技术、先进的管理理念、专业的技术团队等核心竞争力，在环境损害等领域打造一批在全国有影响的品牌鉴定机构。到 2020 年，建立 2—3 家高资质高水平的环境损害司法鉴定机构。

尽管国家和各省市都在努力完善我国的环境司法，但是在对环境法治进行回顾和总结时，不难发现，每年环境民事、行政、刑事诉讼的案件数量与环境纠纷数量相比，比例不足百分之一，环境司法完善之路任重而道远。

第三章　环境立法基本问题

环境立法是在21世纪初随着社会生产力的发展和法律制度的不断完善而发展起来的一个独立法律部门和法学学科。2018年3月十三届全国人大一次会议指出:“十二届全国人大常委会制定的立法规划中有18个立法项目是涉及环境生态保护的,占整个立法项目的18%以上。”这充分体现了我国对环境立法工作的高度重视。

第一节　环境法的体系问题

一、环境法体系的含义与分类

(一)环境法体系的含义

各种具体的环境法律法规,其立法机关、法律效力、形式、内容、目的和任务等往往各不相同,但从整体上看,又必然具有内在的协调性、统一性,组成一个完整的有机体系。而这种由有关开发、利用、保护和改善环境资源的各种法律规范所共同组成的相互联系、相互补充、内部协调一致的统一整体,就是所谓的环境法体系。

(二)环境法体系的分类

关于环境法体系的类型,可以从不同角度加以划分。例如,按照国别来分,包括中国环境法和外国环境法;按照法律规范的主要功能来分,包括环境预防法、环境行政管制法和环境纠纷处理法;按照传统法律部门来分,主要包括环境行政法、环境刑法(或称公害罪法)、环境民法(主要是环境侵权法和环境相邻关系法)等;按照中央和地方的关系来分,包括国家级环境法和地方性环境法等。

二、我国环境法体系的基本内容

我国早在殷商时期就有了关于环境保护的法律规定,是在世界历史上最早出现环境保护法律规定的国家之一。1972 年,我国参加了联合国人类环境会议,在该会议的影响下,我国于 1973 年 8 月召开了第一次全国环境保护会议,制定了《关于保护和改善环境的若干规定》,由国务院予以颁发。该规定是我国第一个综合性的环境保护行政法规。1978 年,我国修改了《宪法》,首次将环境保护工作列入国家根本大法,而 1989 年在对原《环境保护法(试行)》做大范围修改的基础上,颁布了新的《环境保护法》,该法于 2014 年进行了修订,一系列与之相配套的法律、法规纷纷面世,使环境法成为我国法律体系中发展最为迅速的部门法。总结来看,我国环境法体系主要包括以下几个部分。

(一)宪法关于保护环境资源的规定

宪法是国家的根本大法,宪法中关于环境保护的规定是环境法体系的基础,是各种环境法律、法规、制度的立法依据。许多国家都在宪法中将环境保护作为一项国家职责和基本国策加以明确,把公民享有在良好的生活环境中生活的权利及保护环境的义务作为公民的一项基本权利和义务加以规定,为环境保护奠定了宪法基础并赋予其最高的法律效力。我国宪法中这类规定主要包括以下几个方面。

1.国家环境保护的职责

规定保护环境和维护生态平衡是国家的一项基本职责。我国《宪法》第二十六条规定:“国家保护和改善生活环境和生态环境,防治污染和其他公害。”这一规定为国家环境保护活动和环境立法奠定了宪法基础。

2.公民环境权利义务的依据

许多国家宪法中均规定公民有在良好的生活环境中生活的权利和保护环境的义务。我国宪法中虽然没有直接规定公民的环境权利和义务,但《宪法》第五十一条规定:“中华人民共和国公民在行使自由和权利的时候,不得损害国家的、社会的、集体的利益和其他公民的合法的自由和权利。”《宪法》的这一规定既是公民主张环境权的基础,也是防止滥用个人权利造成环境污染和破坏的基本环境义务规范。

3.环境保护的基本原则

我国《宪法》第九条规定:“国家保障自然资源的合理利用,保护珍贵的动物和植物。禁止任何组织或者个人用任何手段侵占或者破坏自然资源”;《宪法》第十条规定:“一切使用土地的组织和个人必须合理地利用土地”;

《宪法》第十四条第二款规定："国家厉行节约，反对浪费"；此外，我国《宪法》还对保护名胜古迹、珍贵文物和其他重要历史文化遗产，以及植树造林、保护林木作出了规定。

（二）综合性环境保护基本法

这是以宪法有关环境保护的规定为立法依据，将环境作为一个有机的整体加以保护和改善的综合实体法，在环境法体系中处于中心地位，是其他单项环境法的依据。这种基本法可以是一元的（如美国），也可以是多元的（如日本）。我国1979年试行、1989年和2014年两次修订重新颁布的《中华人民共和国环境保护法》，是我国环境保护领域的基础性、综合性法律。[1]

（三）环境资源保护单行法

环境保护单行法是以宪法和环境保护基本法为依据，针对特定的保护对象或特定的污染防治对象而制定的单项法律和国务院制定的有关法规。环境保护单行法在内容上主要有以下几部分组成。

1. 污染防治法

我国污染防治单行法包括大气污染防治、水质保护、噪声控制、废物处置、农药及其他有毒物品的控制与管理，也包括其他公害如震动、恶臭、放射性、电磁辐射、热污染、地面沉降等防治单行法。较重要的单行法有《中华人民共和国清洁生产促进法》《中华人民共和国循环经济促进法》《中华人民共和国环境影响评价法》《中华人民共和国海洋环境保护法》《中华人民共和国水污染防治法》等。

2. 自然资源保护法

我国对自然资源保护方面的立法不采取法国自然保育基本法的形式，而是多个单行立法并列，重要的法律法规有：《中华人民共和国水法》《中华人民共和国土地管理法》《中华人民共和国渔业法》《中华人民共和国矿产资源法》《中华人民共和国森林法》《中华人民共和国草原法》等。

3. 环境管理行政法规与规章

我国现行的环境管理行政法规主要包括以下几个方面。

---

① 参见张德江委员长在十二届全国人大常委会第八次会议闭幕会上的讲话，2014—04—24.

(1)有关环境标准、环境监测管理的行政法规,如1999年颁布的《环境标准管理办法》和1983年颁布的《全国环境监测管理条例》,以及地方制定的不低于国家标准的地方环境标准等。

(2)有关建设项目和经济区的环境行政管理法规,《建设项目环境保护管理条例》(1998年通过)、《中华人民共和国防治海岸工程建设项目污染损害海洋环境管理条例》(1990年通过,2007年修订)等。

(3)有关企业的环境行政管理法规,如《工业企业环境保护考核制度实施办法》等。

(4)有关环境管理机构的设置、职权及行政处罚程序的规定,如国务院《关于环境保护工作的决定》(1984年)、《污染源治理专项基金有偿使用暂行办法》(1988年)等。

(四)环境标准

环境标准指的是国家为了维护环境质量、控制污染,保护人群健康、社会财富和生态平衡而制定的各种技术指标和规范的总称,是环境保护法体系的重要组成部分。

环境法中很多规范的实施都是建立在遵守环境标准的基础上的。环境标准是一种科学判断,是人类对环境系统干扰量的体现,而环境法作为维持和提高环境质量的手段,其目的是将人类对环境体系的干扰控制在最低程度内。传统环境法律体系是以环境标准为基础建立起来的,而环境标准又是建立在环境科学"环境消纳能力"的基础上的。因此,从环境法体系尤其是环境行政法角度看,判断环境违法行为的重要依据是遵守环境标准与否。环境法是环境管理的有效手段,从而使环境标准成为环境管理的核心与环境执法的主要技术依据。

环境标准是建立在环境科学基础上的科学判断。人类利用环境科学对某一污染物进行长期观测,建立数据模型,确定环境介质的消纳能力,然后据此制定环境标准。可以说环境标准由环境问题而生,也因环境科学的发展而不断变化,同时也受制于社会生产力发展水平,因而环境标准的变化并非随心所欲,它不仅应适应国家经济发展的现状和对环境的现实需求,而且还要与国际大环境相适应,逐步向国际环境标准靠拢,防止出现国外企业的污染转移,消除国际贸易壁垒。因此,国家在制定环境标准时要综合考虑各方面的因素,适用尺度要适当。

由于环境标准在环境科学上具有不肯定性(这是因为人们无法严格确定环境系统的消纳能力,同时也无法肯定何种环境标准是我们能够容忍的安全标准),而环境管理又要求环境标准的制定必须在上述不肯定性中作出一个既定的选择，即哪种环境标准才是环境管理所必需的、合适的，这就使以环境标准为基础的传统环境法律体系面临新的挑战。现代环境法基于对环境的保护，倾向于将风险防范精神引入环境法，即采取一定的防范措施来维护环境这个脆弱的系统，以克服环境标准所存在的不肯定性。虽然风险防范思想在环境法上的确立，在一定程度上冲击了环境法对环境标准依赖的局面，但这种冲击并非是要由风险防范思想替代环境标准，两者可以并存互动，共同促进环境保护事业的发展。

（五）其他部门法中有关保护环境资源的法律规范

我国各主要部门法中的环境保护规范主要体现在以下方面。

1. 民法中的相关规范

民法与人民的生活息息相关，其中的许多原理和制度与环境法有着重要的渊源关系，如物权法与自然资源法或自然保育法的渊源关系；相邻关系与环境侵权的渊源关系；损害赔偿与公害救济的渊源关系；民事责任原则与环境民事责任的渊源关系；合同法与排污权交易及自然资源财产权交易的渊源关系等。我国现行民法中与环境法的相关规范主要以《物权法》和《侵权责任法》为例列举如下。

（1）《物权法》中有关保护环境资源的内容

我国《物权法》的许多规定从不同角度实现环境资源保护的功能。《物权法》第 7 条规定的“物权的取得和行使，应当遵守法律，尊重社会公德，不得损害公共利益和他人合法权益”完全适用于污染环境和破坏自然资源的行为。所有权制度中对土地和其他自然资源的权属的规定是自然资源保护的基本法律依据。第 89 条规定：“建造建筑物，不得违反国家有关工程建设标准，妨碍相邻建筑物的通风、采光和日照”，体现了对公民环境权益的保护。第 90 条规定：“不动产权利人不得违反国家规定弃置固体废物，排放大气污染物、水污染物、噪声、光、电磁波辐射等有害物质”，体现了现代民法对污染防治的高度关注。第 91、92 条等条文也具有规范环境保护的重要功能。用益物权中海域使用权、探矿权、采矿权、取水权等规定，为我国自然资源保护从自然资源使用权方面作出了基础性的制度安排。

（2）《侵权责任法》中有关保护环境资源的内容

我国《侵权责任法》第八章专章规定了“环境污染责任”，条文虽不多，却以专章的形式显示了我国对因环境污染产生的法律责任的密切关注，是《侵权责任法》的一个亮点。

2.刑法中的相关规定

随着环境问题的日益严峻，近年来，各国在环境保护中都越来越充分地重视刑事责任的特殊功能，刑法在环境保护方面的适用范围不断扩大，一些国家修订普通刑法，设专章规定危害环境罪(如德国)，另一些国家针对危害环境罪专门制定了单行的特别刑法(如日本的《公害罪法》)。在刑事责任形式方面，对环境相关的犯罪在采取人身刑的同时广泛地运用了财产刑。我国刑法第六章妨害社会管理秩序罪的第六节专门规定了“破坏环境资源保护罪”，在走私罪、渎职罪等篇章中也有涉及环境资源保护的规定。

3.行政法中的相关规定

目前世界上许多国家在环境保护的单行行政法规中直接规定环境犯罪的刑事条款，特别是英美法系国家大都采取行政刑法的模式规定和处罚环境犯罪。而在一些大陆法系国家，如日本，有关环境犯罪的行政刑罚也广泛适用。

我国《治安管理处罚法》中也有对尚不构成犯罪的环境违法行为给予行政处罚的规定。例如，第 58 条规定：“违反关于社会生活噪声污染防治的法律规定，制造噪声干扰他人正常生活的，处警告；警告后不改正的，处二百元以上五百元以下罚款。”

总体来看，环境法学体系是环境法立法体系的延伸。我国法学界对环境法学体系有各种不同的认识。法学体系可以较立法体系超前，要体现当代环境法体系的发展趋势，适应我国环境法制建设的发展需要。“中国环境法正在将环境与资源、环境保护与经济社会发展结合起来，正在发展成为以保护环境资源为主，综合调整环境、经济、社会发展问题的可持续环境法体系。”

基于以上认识，当前我国环境法学界将我国环境法学体系总体上概括为四个部分。

第一部分，总论，阐述环境法的基本原理和基本制度。

第二部分，环境污染防治法，这是传统环境保护法的基本内容，是现代环境法的两大任务之一。它以保护人的生命与健康权利为核心，以社会公共利益的保护为本位，以对污染的事先防范为主要目的。

第三部分，生态保护建设法或自然资源法，这是现代环境法的另一主要任务。在环境法体系中，生态保护建设法通过经济管理手段并更多地借助财产法的调整方法，直接保护所有者的各种自然资源财产权利，其根本的法律价值取向是保证自然资源的永续利用和国家的生态安全,促进经济和社会的可持续发展。

第四部分,国际环境法。这种体系旨在强调污染防治与生态保护建设的统一,并探索生态环境保护在法律上的整合途径。

第二节　环境法的基本原则问题

一、环境法基本原则的内涵

(一)环境法基本原则的概念

法的基本原则也称法理、条理,它是一个学理概念,基本含义为法律精神的积聚、法律问题处理的准绳。作为一个根本性问题,基本原则在任何一个法律部门都是不可或缺的重要因素。

环境法的基本原则是指环境法中规定或者体现的、贯穿于整个环境法体系,反映环境法的目的价值、基本特征及性质,对贯彻和实施环境法具有普遍指导作用的基本准则。该概念包含以下几个含义。

1. 环境法基本原则是环境法确认的

环境法基本原则具有法律确认性,即被环境法直接规定,或者间接体现。

2. 环境法基本原则适用于环境法一切领域

环境法基本原则具有普遍指导性,即对整个环境立法、环境执法、环境司法产生直接的指导意义,是贯穿于全部环境法律规范和环境法适用中的准则。

3. 环境法基本原则是各项环境法律制度和法律规范的基础

环境法基本原则是制定具体的环境法律原则、法律制度和法律规范以及处理具体的环境问题的基本依据,是适用于环境法一切领域的基本准则。

环境法基本原则是体现其根本价值目的的超级法律规则或最高级的法律规则,具有根本性、指导性、规范性的特点。

（二）环境法基本原则的意义

环境法基本原则贯穿于整个环境法律体系，是对环境法律规范的概括和提升，对于理解环境法律规范的精神实质、整个环境法律制度体系目标和价值的引导，以及具体法律的适用和完善，都具有重要的意义。首先，就价值层面而言，只有了解了环境法的基本原则，才能深刻领会环境法的根本价值和立法目的，才能使环境保护、可持续发展等观念深入人心，增强环境执法、司法以及守法的自觉性。其次，就制度层面而言，作为环境法律制度的指导，环境法基本原则具有明显的制度协调功能。环境法律制度的设计与实施的各个环节，必须在环境法基本原则的统领下进行。再次，就法律规范层面而言，环境法基本原则具有重要的法律漏洞弥补功能。作为环境法根本价值的体现和建构环境法律制度体系的依据，环境法基本原则以其高度的涵盖性与抽象性弥补具体成文法律规范滞后于社会发展变化的不足，既为解决个案纠纷提供可能，也为法律的修订奠定基础。

（三）环境法基本原则的特征

1.环境法基本原则是由环境法律法规所确定的准则

环境法基本原则作为具有法律拘束力的法律准则，应当是由环境法所确定的。环境法确定基本原则的方式有两种：一是直接规定，即环境法明文将某项法律准则确定为基本原则，如我国的《环境保护法》第 5 条规定："环境保护坚持保护优先、预防为主、综合治理、公众参与、损害担责的原则"，由此明确了环境法的保护优先原则，预防为主、综合治理原则，公众参与原则和损害担责原则；二是间接体现，即环境法虽没有某项基本原则的具体文字表述，但有关法律条文体现了该基本原则的精神，如协调发展原则[①]通过我国《环境保护法》第 4 条有关经济社会发展与环境保护相协调的规定得到了体现。

一般而言，环境法典或环境基本法对环境法基本原则的规定比较明确，而环境单行法一般不明文宣示基本原则，而是通过对具体法律制度的规定来体现基本原则的指导性和对基本原则的从属性。[②]

---

① 2014 年《环境保护法》修订之前，正式出版的环境法著作大多把协调发展原则作为环境法的基本原则之一，只是在表述略有区别。本书结合《环境保护法》的最新规定，不再采用"协调发展原则"这一表述。

② 汪劲.环境法学[M].北京：北京大学出版社，2014，第 99 页.

2. 环境法基本原则反映了环境法的特点

作为部门法的基本原则，环境法的基本原则是环境法这一法律部门所特有的，它是环境法目的、理念和价值的体现，反映了环境法立法本位的特殊性和价值取向的独特性。因此，环境法基本原则是适用于环境保护方面具有特殊性的部门法的基本原则，它不同于我国当代法律体系所遵循的一般原则，体现了环境法的本质和基本特征，同时也界定了环境法与其他部门法之间的界限。

3. 环境法基本原则适用于环境法的所有领域，具有普遍的指导意义

环境法的基本原则是在广泛总结和归纳各种与环境有关的社会关系的基础上产生的法律准则，它整合了环境法各个有机组成部分和各项具体法律制度的法律价值，具有全面的概括性和普遍的指导性，是环境保护的基本国策和重要方针在法律上的体现，也是各项环境法律制度与规范的基础，全面贯彻于环境法体系的始终。因此，环境法的基本原则有别于一般的环境法律规范，也有别于虽由环境法确认但只适用于特定领域的具体原则或个别政策。

4. 环境法基本原则具有稳定性，也具有一定的相对性

环境法的基本原则体现了环境法的基本理念和根本价值，包含了人们在某一历史阶段对环境法价值的追求，具有较强的稳定性。但环境法的基本原则不是一成不变的，因为环境法基本原则是在人们对一定时期内一定环境问题的认识基础上形成的，它随着各国经济发展水平和环境法制水平的不同而不同。从长远来看，环境法基本原则必然会随着人类社会经济的发展、价值追求的变迁、环境保护理念的进步等方面的变化而与时俱进，不断发展和完善。①

二、环境法基本原则的内容

关于我国环境法基本原则的具体内容，我国环境法学界有多种观点。立足我国的实际情况和环境法的特征属性，结合最新修订的《环境保护法》，并总结和归纳我国现行环境法律法规中共同确立的原则性条款，本书把贯穿于整个环境法体系并最能体现环境法价值的环境法基本原则概括为：保

① 蔡守秋. 新编环境资源法学[M]. 北京：北京师范大学出版社，2009，第 85 页.

护优先原则、预防为主原则、综合治理原则、公众参与原则和损害担责原则。这些基本原则独立并行，共同构成我国环境法基本原则的有机体系。

（一）保护优先原则

1.保护优先原则的概念和意义

2014年新修订的《环境保护法》规定，环境保护坚持保护优先。该原则狭义上是指在环境保护管理活动中应当把环境保护放在优先的位置加以考虑，在环境利益和其他利益发生冲突的情况下，应当优先考虑环境利益，作出有利于环境保护的决定。广义上是指按照环境保护基本国策的要求和经济社会发展与环境保护相协调的要求，在处理经济社会发展与生态和环境保护的关系时，要把生态和环境保护放在较优先的位置予以考虑和对待。

这项原则表明，我国在环境资源保护与经济社会发展这对矛盾中，前者已成为矛盾的主要方面，即成为瓶颈性问题。在对待自然资源问题上，资源保护相对于开发利用具有优先性，我国以往的环境资源保护法基本上都奉行开发利用优先的理念和原则，这不能满足经济社会可持续发展的要求。保护和开发利用是一对矛盾，当二者发生冲突时，要按照法律的规定，突出环境和自然资源保护的目的。在对待环境问题上，当环境保护与经济建设发生冲突时。要优先保护环境，经济社会发展要满足环境保护的需要。

2.保护优先原则的产生和发展

这项原则的前身是“环境保护与经济社会发展相协调”原则，两者都旨在明确和调整环境保护与经济社会发展的关系，但保护优先原则使这种关系的法律表达和规范更加清晰与合理。保护优先原则是国际环境保护的基本趋势。例如，《欧盟条约》中确立的“高级保护原则”，作为环境政策和法律中的一项基本原则规定：共同体的环境政策应该瞄准高水平的环境保护，考虑共同体内各种不同区域的各种情况。该政策应该建立在防备原则以及采取预防行动、环境破坏应该优先在源头整治和污染者付费等原则的基础之上。这不仅是对共同体的环境措施提出了严格的环境质量的要求，而且也体现了明显的保护优先的政策定向。我国最早规定保护优先的规范性文件是国务院2006年通过的《国民经济和社会发展第十一个五年规划纲要》。该纲要确立了国土空间的主体功能区划制度，要求在不同的功能区采取不同的经济发展策略和环境保护措施。其中在关于限制开发区域发展方向的规定中提出“坚持保护优先、适度开发、点状发展”的要求。我国2014年新修订的《环境保护法》中有关生态红线、环境健康、生态安全、基本国策以及环境保护目标责任制和考核评价制度等，都是以保护优先原则为前提和基础的。

3.保护优先原则的内容和实施

保护优先原则在我国的贯彻实施首先体现在观念的确立上。在2014年新修订的《环境保护法》中，该原则首先体现在总则规定的立法目的、基本国策、环境义务、政府环境责任上；其次体现在环境管理上，包括环境保护工作实施统一监督管理（第10条），环境保护工作纳入国民经济和社会发展规划（第13条），组织制定经济、技术政策应当充分考虑对环境的影响（第14条），可以制定严于国家环境质量标准的地方环境质量标准（第15条），可以制定严于国家污染物排放标准的地方污染物排放标准（第16条）等；最后，体现在保护和改善环境的制度上，如环境限期达标制度（第28条），生态保护红线制度（第29条），自然资源合理开发、保护生物多样性、保障生态安全（第30条），生态保护补偿制度（第31条），以及总量控制、排污许可、公共监测预警、环境公益诉讼制度等。

（二）预防为主原则

1.预防为主原则的概念和意义

预防为主原则，是指国家在环境保护工作中采取各种预防措施，防止环境问题的产生和恶化，或者将对环境的污染和破坏控制在能够维持生态平衡、保护人体健康和社会物质财富及保障经济、社会持续发展的限度之内，并对已造成的环境污染和破坏进行积极治理的原则。

预防为主原则是现代环境保护的灵魂，其是结合国内外防治环境污染和环境破坏的经验教训提出的。西方工业国家在经济发展的过程中大多走了一条“先污染后治理”的道路，虽然也制定了一些法律，但大都是采取“头痛医头，脚痛医脚”的方法，仅仅针对某一环境要素作出了保护规定，而未将环境作为一个整体来对待。从早期环境法所依据的相邻权制度、侵权法制度的法律原则来看，其均不可能包含预防为主的内容，而基本上是基于民法的具有事后救济性质的损害赔偿制度。到20世纪60年代，随着环境危机的频繁发生，人们开始意识到环境预防的重要性与迫切性，提出了“与其在环境问题出现后治理，不如在未出现前就预防”的观点。[①]

① 程正康.环境法概要[M].北京：光明日报出版社，1986，第49页.

2. 预防为主原则的产生和发展

1980 年联合国环境规划署起草的《世界自然资源保护大纲》第一次提出了“预期的环境政策”，要求任何可能引起环境污染的重大决定都能在其最早阶段就充分考虑到资源保护及其他要求。由此，预防为主的原则越来越受到各国的重视，并逐步成为国家环境管理和立法中的重要指导原则。我国 2014 年新修订的《环境保护法》第 19 条规定的“编制有关开发利用规划，建设对环境有影响的项目，应当依法进行环境影响评价。未依法进行环境影响评价的开发利用规划，不得组织实施；未依法进行环境影响评价的建设项目，不得开工建设”，体现了这一原则的要求。此外，各环境保护单行法中也有相关内容的规定。环境保护工作中的环境影响评价制度、“三同时”制度、排污许可证制度、限期治理制度、排污收费制度、清洁生产和循环经济制度等都体现了这项原则的要求。

3. 预防为主原则的内容和实施

环境法确定这一原则主要是由环境问题本身的特点决定的。

第一，环境污染和环境破坏一旦出现就难以消除与恢复，甚至具有不可逆性，如重金属污染、地下水污染等。

第二，治理环境污染和破坏的成本高昂，往往要投入巨额资金。

第三，环境污染和环境破坏所造成的危害具有缓释性，在时间和空间上变性很大，具有难以预见性和不确定性，加之科学技术的局限，人类对损害环境的活动所造成的影响和最终后果往往难以及时发现。

第四，环境污染和破坏所造成的后果往往比较严重，对人体健康危害极大，会导致一系列疾病的发生，而且这些疾病不易被发现也不易治疗。

贯彻这一原则的具体要求是，根据我国环境法的有关规定，建立以预防为主的环境保护责任制度，采取有效措施，防止造成各种环境污染和破坏；严格控制新的环境污染和破坏，严格执行环境影响评价和“三同时”制度，加强对建设项目的环境管理，加强环境监测，建立环境突发事件预警和应对预案，对可能发生重大污染的企业事业单位采取加强防范措施等。

（三）综合治理原则

1. 综合治理原则的概念和意义

综合治理原则，是指法律规定一切单位和个人都有保护环境的义务，并通过行政的、市场的和自治的等各种机制和手段，积极有效地治理环境问题。它是协商民主与公共治理理念在环境保护中的体现。

这项原则集中体现在2014年新修订的《环境保护法》第6条的规定中："一切单位和个人都有保护环境的义务。地方各级人民政府应当对本行政区域的环境质量负责。企业事业单位和其他生产经营者应当防止、减少环境污染和生态破坏，对所造成的损害依法承担责任。公民应当增强环境保护意识，采取低碳、节俭的生活方式，自觉履行环境保护义务。"这项原则体现了现代环境保护与民主法治相结合的客观要求。早期环境保护往往是单纯的政府行政管理行为，企业是管理的对象而非治理的主体，公众对环境保护仅限于从污染受害者角度的关注，治理手段局限于行政管理和对个别案件的司法审判。这种机制远远不能满足环境保护工作的实际需要，更无法实现对环境污染和生态破坏的有效遏制。此外，环境治理是国家治理能力的重要组成部分，提高国家治理能力客观上要求把民主法治更多地引入环境保护工作当中。

2. 综合治理原则的产生和发展

我国20世纪70年代环境保护工作的32字方针中就有"大家动手""综合利用""化害为利"的提法，这是综合治理原则的雏形，并在环境保护工作中收到了良好的效果。20世纪八九十年代以来，协商民主和公共治理的理念逐步进入环境保护领域，一些重要的国际环境保护宣言和公约中对其都有所体现。环境协商民主机制实际上是政府、市场、公民社会三方互动来解决环境问题的一套运行机制。2013年11月15日，《中共中央关于全面深化改革若干重大问题的决定》提出，协商民主是我国社会主义民主政治的特有形式和独特优势，全会决定把推进协商民主广泛多层制度化发展作为政治体制改革的重要内容，强调在党的领导下，以经济社会发展重大问题和涉及群众切身利益的实际问题为内容，在全社会开展广泛协商，坚持协商于决策之前和决策实施之中。环境与整个社会发展和人民生活密切相关，环境问题不仅是我国经济社会发展面临的重大问题，而且是涉及群众切身利益的实际问题，环境问题的解决依赖于环境协商民主机制具有的可能性、必要性和正当性。

协商民主机制在环境保护中的重要体现是环境公共治理。所谓公共治理一般是指政府及其他组织组成组织网络，共同参与公共事务管理，谋求公共利益的最大化，并共同承担责任的治理形式。公共治理不同于政府治理，在公共治理理论的视域下，政府、市场与社会都不是唯一的治理主体，三者间的互动、合作成为必然选择。政府、市场与公民社会三种机制运行中各存在优势与不足，公共治理的理论基础是政府、市场与公民社会的三边互动。

为了实现公共领域的良好治理,必须而且应当建立起三者良性的网络治理机制,在互动中开辟解决社会公共问题、增进社会公共利益的有效途径。2013 年北京市出台的《大气污染防治条例》第二章为共同治理(初稿名为公共治理),其定义为:“防治大气污染应当建立健全政府主导、区域联动、单位施治、全民参与、社会监督的工作机制。”2014 年新修订的《环境保护法》正式把综合治理确定为环境保护的基本原则,而公共治理是综合治理最重要的理念和工具。

3.综合治理原则的内容和实施

综合治理在我国环境保护法中主要体现在以下几个方面。

(1)治理主体的多元性

2014 年新修订的《环境保护法》体现了国家、企业和个人环保公共治理的新理念和新机制。国家、企业、个人三者都有环境保护的义务,三者各自的特点及相互关系是:政府负责、企业积极、个人自觉。

“政府负责”针对的是我国以往环境法对政府的规定偏重于权而失之于责,此次修订大大加强了政府的环境责任,这是我国环境保护的着力点。

“企业积极”针对的是我国以往企业在环境法中的角色是被动的被管理者,很少积极主动地参与环保。西方发达国家的企业在环保中越来越积极,重要的环境标准如 ISO 14000、重要的环境法规如电子电器废物处理的立法均出自企业的自律规范。对比起来,我国企业在环保上还有很长的路要走,要以 2014 年新修订的《环境保护法》为契机,更积极主动地参与环保。

“个人自觉”针对的是我国目前公众环保意识要大力加强,要把环保与个人修养的提高和追求文明生活方式结合起来。环保的理想状态不是管出来的,而是大家自觉行动共同创造的。在全民中形成环保光荣、污染可耻的共识和准则,共同实现光荣美好的中国梦。

(2)治理途径的多样性

特别注重运用市场手段和经济政策,客观上要求转换政府职能,刺激市场机制发挥作用,鼓励公民社会参与,而且强调行政、市场与公众三者的结合。我国环境保护的一些创新型制度,如生态补偿、第三方治理、排污权交易与碳排放交易、企业环保诚信制度、政府绿色采购、环保税、环境污染责任保险合同、能源管理等都体现了综合治理的特点。

(3)治理机制的综合性

环境保护要全社会全方位齐抓共管,相互配合,实现治理的系统化。我国环境法规定了财政、教育、农业、公安、监察机关、任免机关、人民法院等有关部门和机关的环境保护职责,规定了各级人民政府、环境保护主管部门和其他部门的环境保护职责。

(四)公众参与原则

1.公众参与原则的概念和意义

公众参与原则,亦称依靠群众保护环境原则、环境民主原则,是指生态环境的保护与自然资源的开发利用必须依靠公众的广泛参与,环境法通过各种法定的形式和途径确立公众在参与环境管理与保护中的资格,鼓励公众积极参与环境保护事业,保障他们对污染环境和破坏环境的行为依法进行监督的权利。

公众参与原则是保障环境正义、提高环境效益的具体要求。长期以来我国环境法的产生和发展具有行政主导的特点,公众参与的深度和广度十分有限。党的十五大提出建设社会主义法治国家的目标,公民的各项民主权利不断提升,公众参与原则在理论和实践方面都得到迅速发展。正如民主、人权等概念的不统一一样,公众参与原则在各国环境法的规定中有不同的具体内容,这取决于一个国家的经济发展水平,以及由此决定的民主与法制建设程度。我国目前实施公众参与的主要任务是提高和强化全民族的环境意识和环境法制观念,树立保护和改善环境的良好社会风气。环境保护是一项公益性事业,不仅关系到人民群众的切身利益,影响到每个人的生活和健康,而且影响到社会经济的发展。只有通过宣传教育,使广大群众认识到环境保护的重要性,才能在全社会树立起保护环境、人人有责的风尚,把保护环境变成全体公民的自觉行动。

2.公众参与原则的产生和发展

我国公众参与原则也经历了一个不断发展和完善的过程。1973 年,在第一次全国环境保护会议上提出的环境保护 32 字方针中就有“依靠群众,大家动手”的内容,此即具有公众参与的含义。20 世纪 90 年代初出台的《中国 21 世纪议程》强调“实现可持续发展目标,必须依靠公众及社会团体的支持和参与”,“需要新的参与机制和方式,团体及公众既需要参与有关环境与发展决策过程,特别是参与那些可能影响到他们生活和工作的社区决策,也需要参与对决策执行的监督”。这是我国环境保护公众参与的重要依据。1991 年中国实施了一个由亚洲开发银行提供赠款的环境影响评价培训项目,该项目提出在中国的环境影响报告书中引入公众参与机制的问题,引起中国政府和学者们的兴趣,学者们提出了一些立法建议。1993 年由国家计委、国家环保局等部门联合发布的《关于加强国际金融组织贷款建设项目环境影响评价管理工作的通知》中,第一次提出了公众参与的明确要求,其第 7 条规定:“公众参与是环境影响评价的重要组成部分,《报告书》中应设专门章节予以表述,使可能受到影响的公众或社会团体的利益能得到考虑和补偿。公众参与工作可在《评价大纲》编制和审查、《报告书》审查阶段进行。”总的来说,我国公众参与原则作为一项法律原则,地位日益提高,功能逐步加强。

3.公众参与原则的内容和实施

公众参与的功能旨在赋予公众环境知情权、参与权和监督权。2014 年新修订的《环境保护法》增加了第五章“信息公开和公众参与”,有关公众参与环境保护的权利内容概括如下。

(1)环境知情权

公民、法人和其他组织依法享有获取环境信息、参与和监督环境保护的权利,即环境知情权。2014 年新修订的《环境保护法》第 53 条规定:“公民、法人和其他组织依法享有获取环境信息、参与和监督环境保护的权利。”公民有权获得行政机关所掌握的环境资料,对环境状况、政府决策、工程项目等信息享有知情权,有权就相关问题向政府咨询并及时得到答复。政府信息公开是公民环境知情权享有的关键,建立健全政府信息公开机制,包括信息公开的机关、信息的内容、公开度、公开的时间、公民查询的方式、就相关问题进行咨询的途径等都应作出明确的规定。

(2)诉讼权利

首先是司法救济权。公民的环境权益受到侵害时,应当能及时有效地诉诸司法,获得司法上的救济。公民的环境知情权、环境决策参与权受到非法侵害时,也有权通过诉讼得到法律救济。其次是环境公益诉讼权利。符合条件的社会组织提起公益诉讼,人民法院应当依法受理。2014 年新修订的《环境保护法》第 58 条规定,对污染环境、破坏生态,损害社会公共利益的行为,符合下列条件的社会组织可以向人民法院提起诉讼:①依法在设区的市级以上人民政府民政部门登记;②专门从事环境保护公益活动连续 5 年以上且无违法记录。符合前款规定的社会组织向人民法院提起诉讼,人民法院应当依法受理。提起诉讼的社会组织不得通过诉讼牟取经济利益。

(3)各级政府、环保部门必须公开环境信息,及时发布环境违法企业名单

县级以上地方人民政府环境保护主管部门和其他负有环境保护监督管理职责的部门,应当将企业事业单位和其他生产经营者的环境违法信息记入社会诚信档案,及时向社会公布违法者名单。

(4)排污单位必须公开自身环境信息，环评报告书应全文公开

2014 年新修订的《环境保护法》第 55 条规定："重点排污单位应当如实向社会公开其主要污染物的名称、排放方式、排放浓度和总量、超标排放情况，以及防治污染设施的建设和运行情况，接受社会监督。"第 56 条规定："对依法应当编制环境影响报告书的建设项目，建设单位应当在编制时向可能受影响的公众说明情况，充分征求意见。负责审批建设项目环境影响评价文件的部门在收到建设项目环境影响报告书后，除涉及国家秘密和商业秘密的事项外，应当全文公开；发现建设项目未充分征求公众意见的，应当责成建设单位征求公众意见。"

(5)鼓励和保护公民举报环境违法

2014 年新修订的《环境保护法》第 57 条规定："公民、法人和其他组织发现任何单位和个人有污染环境和破坏生态行为的，有权向环境保护主管部门或者其他负有环境保护监督管理职责的部门举报。公民、法人和其他组织发现地方各级人民政府、县级以上人民政府环境保护主管部门和其他负有环境保护监督管理职责的部门不依法履行职责的，有权向其上级机关或者监察机关举报。接受举报的机关应当对举报人的相关信息予以保密，保护举报人的合法权益。"

(6)环境行政听证权

我国《环境影响评价法》第 11 条规定："专项规划的编制机关对可能造成不良环境影响并直接涉及公众环境权益的规划，应当在该规划草案报送审批前，举行论证会、听证会，或者采取其他形式，征求有关单位、专家和公众对环境影响报告书草案的意见"；第 21 条规定："除国家规定需要保密的情形外，对环境可能造成重大影响、应当编制环境影响报告书的建设项目，建设单位应当在报批建设项目环境影响报告书前，举行论证会、听证会，或者采取其他形式，征求有关单位、专家和公众的意见"。我国各专项环境保护法律法规也对公民的环境保护公众参与权予以保障，规范公众参与的各种途径和程序。如《环境噪声污染防治法》等单行环境法律中关于环境影响报告书制度的规定，将建设项目所在地单位和居民的意见作为环境保护的法定内容，对公众参与权予以严格的法律保护。

(五)损害担责原则

1.损害担责原则的概念和意义

损害担责原则指的是任何对环境和生态造成损害的单位和个人，都必须依法承担相应的法律后果。

这项原则首先是指2014年新修订的《环境保护法》第64条规定的情形:“因污染环境和破坏生态造成损害的,应当依照《中华人民共和国侵权责任法》的有关规定承担侵权责任。”此处的责任即民事损害责任。其次,也包括违反环境法律义务,直接或间接造成环境和生态损害后果所应承担的法律责任,即2014年新修订的《环境保护法》第6条规定的情形:“一切单位和个人都有保护环境的义务。地方各级人民政府应当对本行政区域的环境质量负责。企业事业单位和其他生产经营者应当防止、减少环境污染和生态破坏,对所造成的损害依法承担责任。公民应当增强环境保护意识,采取低碳、节俭的生活方式,自觉履行环境保护义务。”造成环境损害所担的责任不仅是民事责任,还包括刑事责任和行政责任。这项原则最充分地体现了环境保护所必须遵循的环境公平正义法则,用以消除环境成本外部化或所谓的外部不经济性,寻求利益与责任相一致的实质公平,是作为环境法重要法理学依据的民法原则的延伸。

2.损害担责原则的产生和发展

在过去相当长的时间内,环境被认为是无主物或公共资源,造成环境污染和破坏的个人或组织只要对他人人身和财产没有造成直接的侵害就不承担任何责任。随着环境问题的加剧,一方面,政府对日益增加的环境保护投资越来越不堪重负;另一方面,环境问题陷入越治理污染越严重的恶性循环。政府环境支出实际上由全体纳税人来支付,个别不当行为造成的环境问题要由全体社会成员来承担,有违法律的公平正义。这就是所谓环境问题的外部不经济性“内部化”。

1972年,经济合作与发展组织环境委员会在债权理论的基础上首次提出了环境民事法律责任的基础性原则——污染者负担原则,或称污染者付费原则,提出由污染者承担治理的费用。由于这项原则有利于实现社会公平和防治环境污染,所以很快得到了国际社会的认可,并被许多国家确定为环境保护的一条基本原则。《我们共同的未来》指出,“可持续性要求对决策的影响承担更广泛的责任,可持续发展的目标必须纳入那些负责国家经济政策和计划的国会和立法委员会的职责范围,也就是纳入关键的部门和负责国家政策的机构的职权范围,进一步说,政府的主要经济和专业部门现在就应承担直接责任与义务,保证他们的政策项目和预算不但促进经济上的可持续发展,而且也促进生态上的可持续发展”。

1992年通过的《关于环境与发展的里约宣言》在原则13中规定:“各国应制定关于污染和其他环境损害的责任和赔偿受害者的国家法律。”在原则16中规定:“考虑到污染者原则上应承担排污费用的观点,国家当局应该努力促使内部负担环境费用。”这是对损害担责原则的国际认可。

损害担责原则在我国环境法中有一个发展和完善的过程。最初于1979年的《环境保护法(试行)》中规定了“谁污染谁治理”的原则;20世纪80年代后期我国实行自然资源有偿使用制度,这项原则随之增加了“利用者补偿”的内容;1996年国务院发布的《关于环境保护若干问题的决定》则将这项原则完整地表述为“污染者付费、利用者补偿、开发者保护、破坏者恢复”;2014年新修订的《环境保护法》将其确定为损害担责原则。

3.损害担责原则的内容和实施

(1)污染者付费

污染者付费,亦称污染者负担,指污染环境造成的损失及治理污染的费用应当由排污者承担,而不应转嫁给国家和社会。从经济学的角度来看,生产经营活动所造成的污染属于经营成本,如果经营者不承担这种成本,而由国家和社会承担,是与民法的公平原则格格不入的。

污染者付费制度自20世纪70年代以来已为国际上所普遍承认,并被许多国家确定为环境保护法的一项基本原则。污染者负担主要是针对已经发生的污染,即事后的消极补偿,但有时这一手段并非十分奏效,有些污染者在交纳了一定的排污费或排污税后,仍继续排污。我国自20世纪80年代以来,这一原则已逐步在环境法中得到体现。同时,我国也可以适当借鉴国外的惩罚性赔偿制度,严厉惩处污染或破坏环境的单位和个人,以加强对环境的保护。

(2)利用者补偿

利用者补偿,亦称谁利用谁补偿,指开发利用环境资源者,应当按照国家有关规定承担经济补偿的责任,对所耗用的自然资源占有的环境容量和恢复生态平衡予以补偿,建立并完善有偿使用自然资源恢复生态环境的经济补偿机制。国务院《关于环境保护若干问题的决定》规定,要“建立并完善有偿使用自然资源和恢复生态环境的经济补偿机制”。

(3)开发者保护

开发者保护,亦称谁开发谁保护,指有权开发利用环境资源的单位和个人,同时承担保护环境资源的义务。在我国,大量的自然资源属于国有,开发者大都为国有企业事业单位,这些单位无论是基于其法定身份,还是基于其开发行为,保护环境资源均是其法定的责任;对于非国有企业事业单位的开发者来说,保护环境资源则是其法定的义务。

(4)破坏者恢复

破坏者恢复,亦称谁破坏谁恢复,指造成环境资源破坏的单位和个人,须承担将受到破坏的环境资源予以恢复和整治的法律责任。这方面的规定与“污染者付费”“谁污染谁治理”等规定既有联系也有区别:造成环境污染和破坏者即使付费了,也不当然免除其恢复和整治的责任;污染往往指危害自然环境的行为,而破坏还包括了危害自然资源的行为。《草原法》中关于恢复植被的规定、《矿产资源法》中关于土地复垦的规定等,都是这项原则的具体规范。此外,一切违反法定义务的行为,都必须承担相应的法律责任和后果。

我国2014年新修订的《环境保护法》第6条规定,“一切单位和个人都有保护环境的义务”。这意味着无论是各级人民政府,还是企事业单位等生产经营者或个人,也无论其行为是否造成了民事损害后果,只要是有违法行为的事实,并造成环境和生态损害后果,都要承担相应的法律责任,包括民事责任、刑事责任和行政责任,也包括自治规约、道义和纪律等责任。

第四章　环境法律制度的完善与构建

法律制度的健全程度直接决定着法律体系的完善程度和可操作性，当前我国的法制进程正在逐渐加快，环境保护立法工作也取得了较大的进展，但环境法律制度的构建仍然存在着一些问题，所以必须进一步完善我国环境法律制度，以实现可持续发展的战略目标。

第一节　环境保护公众参与法律制度的完善

一、公众参与：政府行政民主化的必然路径选择

现代民主行政语境下的公众参与，是指政府及其机构之外的个人或社会组织，通过一系列正式或非正式的途径，直接参与政府公共决策的制订和执行过程，从而影响公共决策，维护公共利益的行为。现代民主行政最重要的体现方式之一就是公众参与制度，其能够在一定程度上提高行政决策的公正性与科学性，有助于加快民主政治发展的步伐。

（一）主流民主理论对公众参与政府行政的基本观点

现代行政是民主行政，其真正的基础是民主宪政，注重在推行社会政策的过程中维护人民权利、公民权利，尊重公众的人格尊严，维护整体社会的公平及正义，承担政府应该承担的社会责任等等，并且对行政过程中引入公众参与这一做法十分推崇。当前社会发展的整体环境是较为民主的政治环境，根据一方观点来作出最终决策并非是明智的做法，因为这样做显然有悖于民主原则，没有让行政相对人自由发表观点与看法，使其认为自身的权利受到侵害，最终可能导致行政相对人不支持或公开反对政府所作出的行政决策。

主流民主理论认为：民主行政的基本原则是多方通过合作来共同完成并作出行政决策，行政权的运行要以参与为基础。在现代西方影响较为广泛的政治思潮中，基本上都包含与公众参与相关的一般性理论分析。

亨廷顿在研究政治发展的过程及其影响政治发展的相关因素时，将公众参与看成是左右政治形势的关键因素，与此同时还将公众参与设置为判断该社会政治现代化程度高低的一种标准。多元民主论核心学者罗伯特·达尔在阐述何为真正的民主时，提出了民主的五个衡量标准，其中“有效地参与”被排在这五个标准中的第一个。由此可见，公众对形成决策的参与程度在很大程度上反映着现代民主理论的发展情况。除此之外，社会契约论主张，社会公约赋予政治共同体及其成员以绝对的权力，不过当这种权利顺应公众的意愿时才可以被称为主权，主权的所有行为一定要能够真正反映出“公意”。现代民主通过扩大公民直接参与、分散权力中心，旨在达到控制公共权力、维护公共利益的目的。

（二）政府治道变革中公众参与政府事务的实践与发展趋势

20 世纪 70 年代末开始，西方部分国家及地区一致地开展政府治道变革，他们推进这一目标时制定了形式各异的政策及措施，然而这些政策及措施归根结底是为了相同的目的，也就是重新定位政府职能，将政府的职能由最初的“划桨”变革为未来的“掌舵”。政府的传统职能基本上以管理为主，随着时代的发展，当前社会对政府的职能需求逐渐向服务过渡，因此政府也要逐步将发展重点放在其服务职能上，以此来达到公共权力更加地公平，更加地追求公共利益最大化。对政府与市场的位置及关系进行重新考虑，认识到市场的真正价值，逐步缩小政府的规模。对政府和社会公众的角色进行重新定位，让公众参与到行政决策中来，将公共权力还给社会公众，和社会公众来共同治理社会，让公民拥有应有的政治权力，加大公民在公共事务管理决策中的参与度与话语权。将管理理论、方法及技术引入到政府部门，提升政府部门内部管理效率。

纵观全球多个国家及地区，在他们治道变革的过程中，将公众行政权下放给社会公众是明显的发展趋势。当然，政府仍然在公众事务中扮演着十分关键的角色，尤其是在处理较为重大的关系，如社会秩序、公民权利、社会公平等时，整个社会事务的运行还是离不开政府的决策与执行。然而，与过去有所不同的是，公共管理权力的行使过程中，政府不再是唯一的角色，一些社会公众组织及个人开始承担一部分管理社会事务的职能。

在一定程度上来说，将公共行政权下放给社会公众遏制了政府决策权力的不断扩大，推动了社会公共管理事务良性运作的进程。20 世纪 80 年代以来，西方一些国家及地区越来越重视让公众参与到政府行政决策中来。这些国家及地区在制定行政程序法的过程中，将规范性文件及行政计划中引入行政相对人的看法与观点，看作是不可或缺的一项要求。美国法律中明确规定了这一要求，以此来推动政府决策越来越民主，政府工作效率越来越高效，并保证政府行政决策具有一定的科学性。尽管这些实践是以资产阶级的民主政治理论为根基的，但它在客观上为不同国体、政体的国家和地区公民参与行政决策提供了借鉴。

在我国，现行宪法明确规定："人民依照法律规定，通过各种途径和形式，管理国家事务，管理经济和文化事业，管理社会事务。"其中作出明确规定的公众参与具有广泛的内涵，既包括公众的政治参与，也包括公众在公共利益及公共事务等方面的参与。具体到行政决策制定时的公众参与，基本上都是对公共利益及公共事务的参与，即公民享有一定的权利能够对政府的行政决策的制定提出相关的意见或建议。最近几年，国内制定了重大决策公示、听证、议案制度，大力推进政务公开措施，增加与公众沟通的渠道，不断促使行政决策向着更加科学、更加民主的方向发展，不断提高公众在行政决策过程重的参与度。

二、环境保护公众参与的逻辑构成

(一)环境保护公众参与的含义

从广泛意义上讲，环境保护的公众参与，是指在环境保护领域，公众有权通过一定的途径参与一切与公众环境利益相关的活动。环境法视域所定义的公众参与，专家学者之间因为存在研究路径的不同，分别对其作出了不同的定义。

综合各种信息，我们在这里将环境保护公众参与定义为：公民和社会团体按照法定的程序和途径，平等地参与环境立法、环境决策、环境执法、环境司法等与其环境权益相关的一切活动。定义中所指代的参与主体包括社会中的一切团体和公民，参与范围是指环境立法、环境行政（包括行政决策和行政执法）、环境司法等不同阶段的环境法律实施活动。

综观全球，当前环境保护公众参与已经在大部分国家及地区的环境法中得到了实施，我国环境法也借鉴了这一做法。仔细研究我国环境法理论不难发现，公众参与原则始终贯穿在环境法其中，举例来说，依靠群众、大家监督原则等等。不过，原则从根本上来说，不具备法律效力，只是对公民行为的一种指导。单纯的原则，离开了强制性的制度保障，在实践执行过程中肯定要打折扣。我国环境立法中关于公众参与的条文，大体来说是较为单一且零散的，不具备在实践过程中的约束与激励作用。所以，面对当前严峻的环境污染形势，我国要大力推进环境保护公众参与制度的完善，加强该原则在实践执行过程中的可操作性。

(二)作为法律制度安排的环境保护公众参与的逻辑构成

历史经验表明,环境法应用到实践的过程中,仅仅依靠其强制性是远远不够的,究其根本,制裁是法律实施的外生变量,实际执行过程中很难起到有效的作用,充其量只是治标,而难以做到真正意义上的治本。以标本兼治为最终目标,需要我们在强制手段的保障下,做好加强公众及企业参与到环境法执行过程的工作,以此来培养环境法实施的内生变量,只有内在因素不断成长及稳定,才能推动环境法实施的不断优化与有效。

从法律条文这一意义上来说,在环境法律从开始实施到最终结束的整个过程中,都要严格执行公众参与这一原则,以保证这一制度的顺利实施。因此,从这一方面来说,环境保护公众参与法律制度的应然逻辑构成,应当包括环境信息知情制度、环境立法参与制度、环境行政参与制度、环境司法参与制度,以及出于保障上述制度实施的程序保障制度等。

1. 环境信息知情制度

公众有从法定机构、企业获得有关环境信息的权利,政府、企业有向公众提供环境信息的义务。公众环境知情权的实现和政府、企业环境信息公开的义务需要环境信息知情制度加以保障。公众才充分认识国家环保政策与保障措施的基础上,才会催生出实践环保的自身意识,因此,推进公众参与制度的第一步是信息知情。

从根本上说,环境信息系统主要涉及两点:一是确认公共环境信息的范围(或政府和企业环境信息公开)。通常情况下,环境信息的公共知识范围主要内容有:当前国家所制定的环境政策,专业环境机构的监管信息,例如法律中关于环境保护的相关法律条文,等等;环境管理等相关专业机构的基本信息,例如环境部分的系统分类,及各部门的主要责任与权力,与相关专业部门沟通要经过的必要程序,等等;当前生存环境具体状况,例如气候状况、环境污染程度、环境质量是否达标、环境破坏程度、环境资源的开采与存储现状,等等;环境科学信息,一般包括与环境专业相关的科研数据信息及最新科研成果,等等;与生活息息相关的周边环境信息,如垃圾分类与处理、节约用水用电、绿色出行及绿色消费,等等。二是保证公众对相关环境信息的知情权。政府以及企业要遵守相关规定要求向公众及时披露环境信息,若公众知情权受到侵害,可以通过一定的渠道进行申诉。

2.环境立法参与制度

环境立法参与就是在环境法律、行政法规和规章的制定过程中，公众根据法律的规定，以自愿的方式，通过各种途径发表意见，影响政府的环境立法决策的活动。政府制定法律，其中体现的是反映与集中民意的结果，环境立法这一过程是科学与专业化的运作过程，不过即使这样也要积极将公众引入到立法过程中来。只有社会公众充分参与进来，才能保证法律的普及性及可行性，否则再科学与专业的法律，无法取得公众的理解也难以推广与运行。

公众参与到环境立法的过程中来可以通过下面两种方法。第一是公众通过选举人大代表提出立法动议，通过这一渠道参与到环境法律的制定及修正过程中来，以间接参与的方式达到环境立法公众参与的目的；第二是在立法机关就相关环境立法草案向社会各界公示并征求相关看法时，公众可以参加相关机构所举办的一系列听证会、论证会、座谈会等，以此来向立法部门直接表明自己的看法与观点，这种情况属于直接参与法。

3.环境行政参与制度

环境行政参与主要包含两层含义，一种是环境行政决策参与，另外一种是环境行政执法参与。行政参与制度的根本目的在于保护社会公众的环境利益，同时保证政府相关环境行政管理职能可以顺利地推进与实施。公众参与到环境行政中来，能够在一定程度上监督环境行政权的实施过程，同时还能够及时指出行政管理与环境决策的不妥之处，保证环境决策能够得到更加科学的实施。

环境行政执法参与一般有下面两种形式。第一，监督性参与，也就是环境行政执法机构在开展环境执法工作的过程中，要接受来自社会各界人士的监察与督促，以保证执法过程的合法性与正规性。第二，支持性参与，公众从正面支持环境执法部门的工作，例如当发现污染损坏环境的行为时，及时将其举报给相关专业环境部门，以此来协助环境行政工作的开展及进行。

4.环境司法参与制度

环境司法参与主要是指公众对环境诉讼（包括环境行政诉讼、环境民事诉讼和环境刑事诉讼）的提起、参加及对诉讼结果的执行。环境诉讼是保障公众参与环境权利的关键手段。权利衍生救济，只有充分保证公众救济权的行使，才能最终维护公众对环境事务的参与权。当生活中遇到破坏环境的行为，或意识到破坏环境的行为即将发生时，公众可以采用司法手段对破坏环境的行为作出制裁，并使遭受损害的环境得到恢复。

三、环境保护公众参与的价值目标

（一）促进环境行政民主化

处理环境问题时最大的矛盾是利益的冲突性，也就是说，关于环境问题，公众内部的利益不是统一的，实际情况是公众内部可能有完全相对的利益冲突，并且其中的冲突包含非常多的层面及方位。面对如此复杂的情况，只把环境问题的决策权力交给政府并不是一件明智的举动，况且这样也是行不通的。社会大众内部关于利益的沟通与协调，一定要在民主观念的指导之下，引导民众完全参与进来共同解决与处理环境行政及环境司法事务，同样的，要让政府和社会各界民众联合起来，共同去面对与解决社会中出现的环境问题。允许民众对环境事务发表意见与建议，营造透明、顺畅的沟通与讨论机制，有助于增强民众对政府决策的理解与支持力度，也有助于说服反对者，这样能够在一定程度上降低环境事务的冲突几率。只有这样，才可以全方位顾及及考虑社会民众多元化主体的利益冲突。同时，将民众引导进入环境事务处理机制中来，能够使得民众更好地监督与推动政府工作，有助于督促政府更有效率、更加廉明地处理环境冲突与各项事务。

社会民众是环境问题最终后果的施加对象，环境资源属于公众资源，这一点决定着政府解决与处理环境相关事务的过程中要始终将社会公众的利益放在首位，政府环境工作要做到公平、公正与公开。为了在处理环境问题时能够更加了解民众的意愿，妥善地解决与处理当前社会中已经出现的各种环境问题，政府一定要推动环境问题的公开化与透明化，鼓励民众积极参与到政府的环境事务中来。所以，公众参与制度首要价值目标是推动环境保护决策不断向着更加科学、更加民主的方向前进，推动民主理论在环境管理活动中得益延伸。

（二）平衡公众环境利益诉求，实现社会正义

法律最终追求的社会的公平与正义。公众在评价某项社会制度时，一般将目光聚焦于此制度归根结底是怎样对待社会中的每个普通人的，即此项制度是否可以做到公正公平地处理其中的每一个人，具体来说，主要有两点，一是身份公平，二是分配公平。

社会公众最终将承受因为环境损害及污染所造成的一切后果。公众在参与环境立法行政决策的过程中，向政府表明自身对环境诉求，使得政府在

做出环境决策时能够考虑到社会公众的利益，这样能够在一定程度上遏制社会强势群体的行为，阻止其为了追求自身的利益而损害弱势群体的环境利益。不断完善环境法律制度，让社会弱势群体能够通过一定的渠道发表自身的观点与意见，使得政府在分配环境资源时可以衡量弱势群体的诉求与意见，这样能够不断推动环境公共资源的分配向着更加公平的趋势发展。

（三）提高公众环境意识，培育环境领域的自主治理精神

环境意识指的是公众自身看待环境污染的水平，以及可以付诸行动的意愿程度，代表着社会公众对待环境问题的自身看法，从根本上反映的是人们看待环境问题的态度及行为。推动环保行为的实践离不开社会中每一个人的参与，离不开民间环保组织及环保活动，而这一切最终都要以社会公众环保认识的提高为基础。

不断创新与完善公众参与环保法律制度，让社会公众拥有对环境保护法律的参与权与决策权，让环境保护法律向着更加自主自觉的方向发展，逐步培养政府与公众共同行使决策权力的治理局面，不断增强公众对政府决策的参与性与监督精神，形成公众和政府共同治理环境的理想局面：这种互动合作归根结底会推动社会整体民主水平的提升，会推动环境治理向着更加自主的水平发展，从而使多元化、不同层次的环境利益得到表达，并以对话、协商和妥协的方式在法律框架内实现，实现社会公平。

第二节　环境公益诉讼法律制度的构建

一、环境诉讼的法理基础与公益理念

（一）环境诉讼的法理依据

任何法律都有具体的保护法益，环境法自然也不例外。环境权作为一种新的、正在发展中的法律权利，是环境立法、执法和诉讼的基础。环境权理论的提出是基于传统法律理论对解决环境问题的无能为力。传统民法关于所有权的理论认为：非人力所能支配的物（如流水、空气、日光等环境要素）没有权利成为所有权的客体，是地球上存在的公共自然资源，凡是地球上的公民都可以自由地使用或占有，所以，企业或工厂向自然界排放污染物的行为并不违反任何法律法规。

20世纪60年代以后，世界范围内环境危机引起人们的重视，社会公众开始探讨公民是否对生活其中的环境要素拥有所有权。1960年，西德的一位医生向欧洲人权委员会提出“向北海倾倒废弃物”是侵犯人权行为的控告，这一行为引起了人们的广泛探讨，即环境权是否属于人权的一部分。同是这一年，美国内部展开了一场引起全世界目光的辩论，也就是公民提出保护自然环境以及为自己争取更加健康的生活环境，这种意见的最终依据从何而来。最终美国密执安大学的萨克斯教授“公民信托理论”得到了大多数人的支持，为环境权的发展奠定了较好的基础。

在我国，现行法律中尚无明确规定环境权的内容，但其很多内容仍可以在我国现行法律体系的各个层面找到依据。例如，我国《宪法》第9条规定：“国家保障自然资源的合理利用，保护珍贵的动物和植物。”上述规定以及有关国家管理环境资源的众多立法，已经说明国家环境权在我国法律中的间接地位。《民法通则》第83条对通风权、采光权等相邻权的先例及法律责任作了规定，这是环境权作为一种实体权利在民法上的具体体现。

（二）环境诉讼的公益理念

环境权真正在实践生活中发挥作用，一般认为应该是，当社会公众的环境权受到侵害时，除了能够通过一定的途径获得经济赔偿之外，还能够通过正当顺畅的法律途径提起环境诉讼。相比之下，社会公众在个人利益受到损害时，能够寻求到正当合理的途径提起诉讼，以此来维护自身合法的利益。环境权利也应该朝着这一方向不断发展及完善。

环境权是出现时间较短的新型权利，它有“整体性”“共有性”的特点，一般的环境侵害行为会造成社会公众整体的利益受到损害。一些学者主张，环境权是公益权利，这一观点的基础是环境权的侵害一般是环境危机之后出现的情况，其受到损害的是社会公众的公共利益，因此环境权具有公益性。另外，一般引起环境问题的原因是多样的、非单一的，因此在维护及行使环境权利的过程中难免带有社会性色彩。环境诉讼因为典型的公益性，因此仅仅靠私益性救济很难能够真正实现诉讼的目的。

二、建立环境公益诉讼制度的必要性

（一）建立环境公益诉讼制度是建设资源节约型、环境友好型社会的要求

我国国民经济和社会发展“十一五规划”中明确指出：“要保护生态环

境，加快建设资源节约型、环境友好型社会，促进经济发展与人口、资源、环境相协调。”我国长期以来实行的是国家环境管理这一单轨运行机制，通过各级政府的环境保护机关以政府名义和法律形式，全面行使对环境保护的执行、监督、管理职能，并对全社会环境保护进行预测和决策。在这种体制下，有的地方环保部门屈从地方保护主义压力，不愿或不能实施保护环境权的行政行为。

在当前的社会发展形势下，国内还存在部分地区用耗费资源、破坏环境的方式来推动经济的不断发展，相对于实际情况，我国当前正在执行的环境保护制度及法律法规还不完善，环保行政执法不能规范到全部的环境行为，甚至还有部分地区的当地政府出于地方保护的目的，让一些严重的破坏环境的行为放任自流。面对如此严峻的社会背景，假如公民不具备环境诉讼权，破坏环境的做法将在很大概率上不会得到惩罚。所以，要保证建立完善的环境公益诉讼制度，形成民事责任、行政责任、刑事责任“三责并举”的环境违法制裁机制，有利于依法加大环保力度，防止环境问题的发生和恶化。

（二）建立环境公益诉讼制度是构建社会主义和谐社会的需要

虽然我国对环境保护事务越来越重视，制定与推行了许多环保政策与手段，不过这还是无法彻底阻止破坏环境行为的发生，一些企业、地区受到经济利益的蒙蔽，盲目追求短期利益，不断做出一些损害其他企业或地区环境的行为，这一做法是欠缺公平的。如果任由此种行为继续下去，最终会造成我国面临严重的环境问题，甚至可能会威胁到我国经济安全运行及社会长期稳定。所以，要不断改革与推进环境公益诉讼的程序及渠道，来使社会中破坏环境的行为真正得到惩罚，保护人民的公共环境利益，保持社会整体的稳定及和谐。

（三）建立环境公益诉讼制度是实现公众参与原则与预防为主原则的客观要求

环境公益诉讼则是公众参加环境管理、参与公害解决过程的一种重要制度，而不仅仅是一种单纯的诉讼手段。社会公众拿起法律武器减少环境公害，肯定能够在一定程度上增强其自身维护人与自然之间和谐关系的意识，这一现象能够为环境公益诉讼奠定坚实的民众基础。因此，建立能够吸收公众参与环境管理运作的环境公益诉讼机制已成为现实的迫切需要。

环境公益诉讼是我国环境法的另一重要原则“预防为主原则”的重要保障手段。和私益诉讼有所不同的是，公益诉讼能够在损害事实还未真正发生之前提出，如果社会公众对实际情况判断合理，并认为存在造成社会公益侵害的可能，就可以对违法行为人提起诉讼，这样能够在一定程度上维护国家利益及社会秩序的正常运行，防止侵害行为的真实发生。预防是环境公益诉讼较为明显与关键的一个特征，由于损害及污染环境所造成的后果一般是相当严重且难以恢复的，因此法律应该起到阻止损害行为发生的功能，这样社会公众才能运用诉讼手段及时制止损害行为的发生，降低行为人损害环境的几率。

三、我国环境公益诉讼制度构建的路径探索

（一）原告起诉资格的合理界定

适格主体，即合法的原告资格的确认是建立环境公益诉讼制度的核心。为了更好地履行公益保护的诉讼程序，现代法治国家相关法律正在逐步放宽对原告资源的界定。

1. 学界关于环境公益诉讼原告主体的研究及其不同意见

(1)公民个人

支持公民个人有资格成为环境公益诉讼主体的观点主要包括：现代民主行政理念鼓励社会中的个人自由行使公民权利，主动参与到国家事务的管理中来；公民亲身接触自然环境事件，能够最大程度地监督破坏自然的违法行为；公民身处自然环境之中，如果自然环境遭到破坏，公民将是最大的受害者，因此公民有主观积极性去维护自然环境的健康和洁净。而且，从国际的实践来看，公民个人在许多国家和地区都有提起公益诉讼的资格。

认为公民个人没有资格成为环境公益诉讼主体的观点主要包括：公民自身有追逐利益的趋向性，因此不能以个人身份作为公共利益的代表；公民个人在处理诉讼的过程中，缺乏专业的知识和技能，应对诉讼案件的能力有限，因此不具备作为环境公益诉讼主体的资格。

(2)检察机关

检察机关被认为是最合适的公益诉讼的主体，不过其中也夹杂着不同的声音。

支持检察机关有资格成为环境诉讼主体的观点认为：检察机关本身代表着国家权力与公共利益，关注与公民利益相关的环境状况是其职责之一；公诉权是检察机关法律监督的必要构成，检察机关的法律监督权只能通过起诉权、抗诉权等行使；检察机关有资源，可以负担公益诉讼的成本。从国际司法实践看，无论是大陆法系，还是英美法系的国家和地区，检察机关参

与公益诉讼都是较为普遍的做法，而我国检察机关参与公益诉讼也有若干成功的案例。

反对检察机关成为环境诉讼主体的观点主要包括：在我国，检察机关本身的工作性质就是法律监督机关，这一点与世界上其他国家存在一定的区别，如果直接让检察机关担任诉讼主体，会在一定程度上影响审判的公正性；检察机关以其在现行法律框架中的特殊地位和权力参加诉讼，会造成双方当事人的地位不对等，同时检察机关直接提起民事诉讼，是对当事人处分权的干涉，产生公权干预私权的情况，不符合民事诉讼自身的特点；检察机关的身体是国家司法部门，与政府之间存在一致的立场与利益，很难做到真正地从公共利益出发看待环境事件，不能真正地代表社会中弱势群体的利益。除此之外，当前我国检察机关已经处于超速运行状态，无法抽出额外的人力与物力与处理环境事件的相关诉讼事件。

(3)环保团体

具体观察世界上环境公益诉讼发展较为成熟的国家及地区，大多数国家及地区都将环保团体作为公益诉讼的原告。支持这种做法的学者主要是认为：环保团体自身是公益性质，能够从公共利益角度出发去看待环境事件；环保团体的立场与政府机关的立场并不一致，能够更加公正地处理环境事件；环境团体内部有专业的环境专业人员，可以通过自身的渠道拉来赞助和资金，有一定的法律与经济基础去应对相关的环境公共利益诉讼事件；对公众利益了解，有代表公众的现实基础。

反对的理由有：我国的社会中间层组织(包括各类环保民间团体)极不成熟，不能胜任代表公共利益之责；不同团体之间的利益取向相差很大，受到自身所处的阶层、地区、人群等的限制，也无法做到真正的公正与中立。

(4)政府或其职能部门

有些学者支持政府或其职能部门有资格成为环境公益诉讼的原告，他们的观点主要是：政府的职能机构中包括专业的环境行政部门与机构，他们以被委托的身份处理与环境相关的专业工作，他们自身具备专业的公共职能与权力，也担任着保护环境健康的责任，所以应该成为环境公益诉讼的主体；政府部门具备较为充足的人力与物力资源，能够轻松地承担起环境诉讼的成本。

一些反对政府成为环境公益诉讼主体的学者则认为：政府具备行使公共职能的权力，当他们发现破坏环境健康的行为时，可以采取处罚、强制等方式对其进行教育，没必要一定付诸法律诉讼；行政机关拥有公权力，在诉讼中有优势地位，会导致诉讼中的当事人地位不平等；政府的职能部门容易和其他部门和企业形成利益共同体，从而损害公众的利益。

2.理性的选择——环境公益诉讼原告资格附条件的拓展

环境公益诉讼的真正目的是填补政府环境执法的空隙，环境公益诉讼的运行能够起到监督与限制政府行为的作用，因此，从这一方面来说，政府不应该成为公益诉讼的原告。综观西方发达国家的环境立法经验，结合当前国内的环境法律发展状况，我们应该理性地采取多元性主体的形式，在一定程度上拓宽对原告资格的附加条件。

具体而言，可以通过修改《民事诉讼法》和《行政诉讼法》，突破我国现有的诉讼法律“直接利害关系”的限制，赋予特定国家机关、相关社会团体、个人3类主体提起环境公益诉讼的权利。其中，特定国家机关为检察机关，其应有权对损害环境公共利益的行为人提起民事公益诉讼和行政公益诉讼；相关社会团体为非政府环境保护组织；个人则是具有中华人民共和国国籍、年满18周岁，且有完全行为能力的我国公民。同时，根据我国的现实国情，实现原告资格的扩张，必须符合以下条件。

第一，行政投诉程序前置制度。当发现污染或损害自然环境的行为时要及时向相关机构举报，若举报后法定期限内没有收到相关部门的事件反馈，公民或其他有权主体才能够提起环境公益诉讼。

第二，实行由检察机关或公众提起诉讼的双轨制。公民个人应当是环境公益诉讼最主要的原告。检察机关在环境资源和环境利益的司法救济中，其角色通常情况下是监督与领导，不会参与到具体的执行过程之中。不过如果发生环境事件时无法找到相应权利主体，或权利主体不具备诉讼能力，或提起诉讼要面临巨大的困难时，监察机关可以作为权利主体提起民事诉讼。

可分为三种情况：①由公民个人在符合法定程序的前提下直接向法院提起诉讼；②由立法明确界定检察机关提起环境公益诉讼的范围，在此范围内由检察机关依职权主动提起；③由公众（包括公民个人和环保团体）申请检察机关提起诉讼。如果是公众申请提起诉讼，则在提起诉讼时，可以选择检察机关作为代表，也可以自己直接起诉。在公众有选择权保障时，一般会倾向于将困难度较大的环境事件交由检察机关提起诉讼，以此来保证公众的环境公共利益能够得到有效的保障。如果申请被驳回，公众也能够自己直接起诉，两种诉讼渠道保证了公众环境公共利益的顺畅救济渠道。

第三，考虑到我国环保团体整体上的不成熟特征，相关立法上可以考虑对一些相对成熟的环保团体，比如成立已经有一定年限、有一定社会影响、有一定人员和资源的环保团体，经一定程序认可，赋予专门的起诉权，为环境公共利益而提起诉讼。环保组织可以以当代人的名义，也可以以后代人的名义，对侵害环境公共利益或潜在的侵害行为提起诉讼。

第四，法院在正式受理环境公益诉讼前，要查清楚原告是否具有合法身份，是否提交了合法且充足的证据，是否具备合法的起诉条件。如果有必要，人民法院可以举办听证会，让原告、被告及相关人员，进行充分的沟通、交流及辩证，最终做出决定是否立案。当法院受理环境公益诉讼案件之后，案件即无法撤回，原告、被告及各方相关人员要根据法庭规定参加有关诉讼活动。

(二)举证责任的合理配置

当处理环境诉讼案件时，一般要运用科学专业的技术手段来对环境损害进行认定。通常情况下，原告不具备较为专业的环境知识信息与专业检测技能，无法用专业数据与资料进行举证。所以，一部分国家及地区在处理环境诉讼案件时，规定诉讼中关系到具体环境侵害数据的，该数据应由被告提供。在我国，最高人民法院的司法解释规定了环境污染损害赔偿案件实行被告举证制，不过尚未对原告是否承担一定的举证责任作出明确规定，由此导致被告方认为自己承担了较多的举证责任，同时使得原告放弃了收集比较证据的积极性。为了使原告方与被告方能够更加平衡地对环境诉讼事件承担举证责任，应该由原告来举证被告是否向环境中排放了污染物，是否对环境造成了一定的污染，两者事件是否存在因果关系。

第三节　生态补偿法律机制的构建

一、生态补偿的理论蕴涵

(一)生态补偿的多维度理论基础

生态补偿最初源于自然生态补偿，指自然生态系统对干扰的敏感性和恢复能力，后来逐渐演变成促进生态环境保护的经济、法律手段和机制。

1. 生态学的维度：生态平衡理论

任何一个正常、成熟的生态系统，其结构与功能，包括其物种组成，各种群的数量和比例，以及物质与能量的输出、输入等方面，都处于相对稳定状态，这种状态就是生态平衡。生态平衡是靠一系列反馈机制维持的，一旦物种循环与能量流动出现任何微小的变动，都可能会引起系统的变化，同时此变化也能够因为反向作用使得系统恢复到之前的平衡状态。

能量流动与物种循环的渠道并非是单一的，一些渠道能够互相补偿，当某个渠道出现问题时，可能被其他渠道代替，以实现系统的自我调节。不过，系统内部的自我调节不是万能的，它存在一定的限度，超出限度的变化会造成系统的整体失衡，甚至使生态系统受到损害。社会及自然自身都有可能引起生态平衡的变化。自然因素中，火山和地震能够在极短的时间内使系统受到损害，受到损害的生态系统也许能够慢慢地实现自我修复。社会因素主要是人类主动改造自然的各种行为，以及无意间引起的生态系统的损害。举例来说，人类对森林的乱砍滥伐、对环境倾倒严重污染物等等行为，都会引起生态系统结构及功能的变化，打破生态系统内部的平衡状态。根据生态学理论，要把流域（或区域）生态当作整体系统来研究，通过建立生态补偿机制来协调和理顺系统内各要素的关系，改善系统的物质能量流动，促进生态系统的良性循环，实现整个流域或区域系统的最优化。

2.经济学的维度：从“公有地的悲剧”到“生态资本理论”

（1）公共产品理论

在经济学理论中，根据产品是否具有排他性和竞争性，可以把社会产品分为私人产品和公共产品。

私人产品既排他，又竞争，公共产品只竞争无排他。公共产品的使用不可避免地要面对两个难题：公民恶劣对待的问题，以及因为违法行为众多而无法意识到自己违法的问题。大量的环境要素，例如清新健康的空气、洁净的饮用水、丰富的矿藏、繁衍不息的野生动物，等等，是属于全部公民所有的公共产品。环境资源的竞争性特征，往往会导致被公众随意地取用，甚至是杀鸡取卵式的取用，最终导致环境中资源失去再生能力，恢复能力也在逐渐减弱。同时环境资源也具备非排他性，使得人们过度地追逐环境资源，而最终导致供给不足。当然在一定程度上，政府的管制和买单行为能够控制环境资源的非排他性问题，不过政府仍然应该对当前的环境保护制度进行创新，使环境受益者能够支付一定的费用，从而给予生态保护者一些激励。

（2）外部效应理论

经济学中的外部性是指：在实际经济活动中，生产者或消费者对其他消费者或生产者施加的超越主体范围的利害影响。当私人和社会整体的成本及获益存在差别的时候，就会出现外部性问题。一种外部性问题是成本负外部性；另外一种是利益正外部性。外部性问题是在产品或服务的成本或收益无法排他(或排他成本极其高昂或没有必要排他)的条件下,交易成本又很高的情况下发生的。在存在外部性的情况下,无论是正的外部性还是负的外部性,都使实际的市场均衡价格低于理想的效率状态下的市场均衡价格,这是由于其中的部分或全部的成本或收益没有计入价格的缘故。

一旦出现外部性问题,市场机制无法起到调节作用,就会发生市场失灵的状况。一是环境不断受到污染,生态环境越来越恶化,而高污染企业仍旧在肆无忌惮地向环境中排入大量的污染物;二是一些公共产品或服务,如高速公路、灯塔等出现供应不足的状况。当出现这种情况时,需要政府出面来解决这些问题。政府可以通过税收与补贴等经济干预手段使外部性“内部化”。举例来说,对于引起负外部性的生产者征收较重的税,在一定程度上限制此类企业的生产规模;对于引起正外部性的企业给予补贴,支持其进一步扩大生产规模。这种措施的执行,使得企业在追求利润这一目标的驱使下,不断调整其价格等于社会边际成本的点。想要支持与鼓励人们不断开展正外部性的保护环境的行为,政府就需要采取一定的补偿及补贴机制,这样才能实现最终的目的。

(3)生态资本理论

资源价值理论认为,生态环境与资源具备其自身的特定价值。生态系统提供的生态服务应被视为一种资源、一种基本的生产要素,所以必然离不开有效的管理,这种生态服务或者说价值的载体即所谓的“生态资本”。生态资本主要包括以下四个方面:能直接进入当前社会生产与再生产过程的自然资源,即自然资源总量(可更新的和不可更新的);环境消纳并转化废物的能力,即环境的自净能力;自然资源(及环境)的质量变化和再生量变化,即生态潜力;生态环境质量,这里是指生态系统的水环境质量和大气等各种生态因子为人类生命和社会生产消费所必需的环境资源。

而整个生态系统就是通过各环境要素对人类社会生存及发展的效用总和来体现它的整体价值。随着经济与社会的发展,生态产品变得越来越稀缺,人们想要发展,只向自然索取是行不通的,人们还要学会投资于自然,当需要使用自然资源时我们必须付出一定的补偿。以前有些人对自然环境资源随意取用以追求自己的经济及社会利益,罔顾自身的行为给整个社会及子孙后代所造成的不良影响,这种发展模式要得到彻底纠正。重新评价和测算生态价值和生态利润,通过建立生态补偿机制来促进设立新的资源价值观念的国民经济核算体系,实现自然资源市场化,促进资源的有效配置,实现社会效益、经济效益和生态效益的统一。

3.法学的维度："从权利义务对等"到"环境正义"理念

(1)权利和义务对等原理

权利和义务是法的核心内容，也是法学的基本范畴。权利义务的对立统一首先表现在权利义务的相互对应、相互依存、相互转化的辩证统一过程中。从这一角度来看，实施生态保护措施，生态功能区所属的地区或部门履行了其所承担的保护生态环境、维持生态平衡的义务，但同时也被剥夺了其发展自身经济、摆脱贫困的权利。而环境保护的受益主体在享受生态保护的优质生存环境的同时，却没有承担其所应该承担的义务，违背了权利义务对等性的法理学原理，不利于主体利益的协调与保护和生态环境的改善。

(2)环境正义理念

"环境正义"一方面主张人们要停止继续损害及污染环境的行为，另一方面也强调社会民众享有平等的生存权及自决权。它在强调保护自然系统的平衡状态之外，同时也认为，是强势族群及团体对弱势群体的绝对压制引起了环境系统的失衡。

生活中常见的环境问题，普遍地影响着所有人的生活，不过对不同的群体会产生不同的影响，其中有一部分人在环境问题的处理过程中获得了相应的利益，还有一部分人则因为环境问题的处理而使自身利益遭到损害。而自然(环境)对于处于弱势的国家、地区和群体来说，首先意味着生活和生存只有以合理性、合法性为基础，在客观的自然生态规律的指导之下，公平地分配社会主体的环境权利和义务。

环境公平是与环境正义相联系的价值原则，包括环境机会公平和环境结果公平两层含义。只有保持公平才能维护和保证不同利益主体应享有的合法权利和自身利益，失去了公平，也就意味着失去了可持续发展的可能性。生态补偿制度的建立正是"环境公平"理念的具体化。

二、对生态补偿法律制度基本要素的应然分析

(一)法律制度在生态补偿利益协调机制中的优先性

之所以会出现环境问题，大多时候是因为人们对生态环境与自然资源不同的利益诉求之间出现了冲突，生态补偿说到底是平衡与协调环境问题的支持与措施。通过一定手段及措施对各个主体的利益诉求作出合理的协调，保证各个主体利益的合法性，降低主体之间的环境冲突，控制其环境不当诉求，最终达到保护环境的最终目的。在社会利益协调的诸多途径如经

济途径、观念途径、制度途径中，创设并运用法律制度，设定不同利益主体的环境权利和义务，把生态补偿机制的运行纳入法律制度的保障，无疑是现代法治社会的必然选择。

生态补偿的理论研究成果向我们昭示了生态补偿利益协调机制的路径选择：生态学理论中所探究的生态效益补偿为法律制度中的生态效益补偿指出了一条路径和应遵循的一般规律；经济学上的生态效益补偿则从经济学的角度揭示了法律制度中的生态效益补偿的障碍根源和应当解决好的问题；法学则以公正作为首要的价值目标，体现在生态补偿制度中，以权利义务的平衡与协调为逻辑起点，彰显了浓厚的人文关怀。

通过法律制度的协调和保障，可以有效降低政策协调、经济协调和观念协调的主观随意性和变动性，从而最大限度地保持利益制度和整个社会的稳定。因此，强调法律制度协调机制在生态补偿机制中的重要性和权威性，对于整个生态保护和建设的可持续性具有至关重要的意义。

（二）生态补偿法律制度的应然逻辑构成要素

1. 生态补偿的主体

生态补偿主体即生态补偿权利的享有者和义务的承担者，包括补偿主体、受偿主体、实施主体：

（1）补偿主体

生态补偿主体应以政府为主，以及有补偿能力和可能的生态受益地区、企业和个人。

（2）受偿主体

生态受偿主体即生态补偿的接受主体。资源开发活动中和环境污染治理过程中因资源耗损或环境质量退化而直接受害者是生态补偿的受偿主体；生态建设过程中，因创造社会效益和生态效益而牺牲自身利益的主体也是生态补偿的受偿主体。

（3）实施主体

由于生态补偿自身的特殊性，直接由生态补偿主体对生态受偿主体进行补偿存在难度。原因在于，一方面，生态补偿的客体——生态环境价值具有“公共产品”属性，生态受损主体无法通过直接交易的办法获得补偿；另一方面，参与交易主体人数众多，且生态受益和生态受损不易定量化，即使生态受益主体愿意对生态受损主体进行补偿，其“交易成本”亦十分高昂。

2.生态补偿的标准

合理确定补偿标准是实现生态补偿公允价值客观价值的关键,也是生态补偿法律制度的难点。国内外学术界对补偿标准存在很大争议。

根据机会成本,制定生态补偿标准,加强对生态系统服务功能价值的研究。逐步建立基于生态服务的补偿标准的转变,这是建立生态补偿标准的未来发展路径。当然,有学者认为将生态效益价值货币化作为生态价值补偿的标准在理论上是错误的,在现实社会中很难被接受。补偿标准应该在国家的经济发展水平和对生态效益的需求,寻求两者之间的平衡。

3.生态补偿的方式

生态补偿方法是指生态补偿的具体形式,是生态补偿的主要责任。补偿的运作方式大致可分为两类:政府补偿和市场补偿。政府补偿是指政府对生态系统的非市场补偿方式,包括财政转移支付、特殊基金、税收政策、奖励,用于综合利用和优化环境。最重要的形式是财政转移支付系统和专项资金。

(1)财务转移支付

财政转移支付是指财政基金或财政平衡系统,基于各级政府之间存在的财政能力差异,实现各地公共服务均等化。在生态补偿中,财政转移支付是为了实现生态系统的可持续性。通过公共财政支出,其一部分收入可自由转移到微观经济实体或下级政府实体进行指定的生态环境建设和保护。转移支付的形式是纳税申报表、特别拨款、财政援助、财政补贴、奖励综合利用和优化环境。目前,财政转移支付是中国实现生态补偿的主要途径。

(2)生态环境税

生态环境税是指政府通过调整税费,改变市场环境资源的不合理定价,刺激污染企业资源的开发,提高利用效率,使企业追求经济效益,减少污染企业的排放或恢复受损的生态环境,间接达到生态补偿的目的。

(3)生态补偿基金

生态补偿基金制度是一个包罗万象的概念。它包括由生态建设和生态补偿建立的林业基金、森林生态效益补偿基金、环境补救基金、补偿基金,用于退耕还林和其他基金系统。

市场补偿是市场交易实体的总称,它们利用经济手段通过法律法规范围内的市场行为改善生态活动。环境产权市场交易的补偿是市场补偿的主要形式。环境产权交易市场建立后,当卖方的最低价格与购买价格的最高价格相匹配时，任何市场主体都可以根据交易的交易规则进行环境房地产交易，主要形式有排污权交易、水资源交易等。水交易等间接通过市场交易来补偿生态环境。此外，生态补偿的市场补偿形式还包括发展环保产业，以促进环境责任保险等形式。

第四节 排污权交易制度的法律完善

一、排污权交易制度的法理基础

排污交易系统，也称为指数交易系统、可交易许可证制度，是指根据特定区域内该地区的环境质量要求，确定一定时期内排放的污染物总量。通过科学核算，污染物排放指标通过许可方式分配给地方政府和企业，指标可以通过合同交易转移给其他方。排污权交易系统是一个基于污水许可证制度的相对灵活的环境保护系统。它是一种以市场为基础的经济政策和经济刺激，是环保市场机制的典型例子。

在环境立法界，人们基本已达成了共识，即排污权交易的实质意义是环境容量资源的交易。环境容量这一概念来自生态学，指的是环境自身对污染与损害的修复与净化能力，也可以说是在某段特定的时期之内环境能够承载的污染物容量的极限。对于当前人们生存的社会与经济环境来说，排污权正变成越来越稀缺的资源。人类一切的生产与生活活动都离不开污染物的排放。所以，法律规定了人类在开展生产与生活活动时被允许排放的合理污染物数量。当污染物排放量超过规定数值时，相关人员将受到法律的制裁。

人类社会在发展的过程中，因为传统环境资源观念的局限性，以及环境产权的不确定性，人类赖以生存的外部环境资源受到了很大程度的损害与破坏，环境质量逐渐变差，人类的生活质量也受到很大程度的影响。要将环境污染控制在一定范围之内，逐步修复及改善自然环境质量及人类的生活质量，就必须在现代产权理论的指导下，重新树立环境资源生态价值，合法建立环境容量资源的使用权，并赋予其在市场上自由交易的权利。排放权交易就是在这样的背景下在世界范围内得到快速发展。

排放权交易制度已经进入一些国际公约的允许范围之中，它能够在很大程度上降低温室气体的排放量，进而使全球的气候得到改善。全球多个国家及地区也已经认可了这一环境立法制度，并在其执行过程中积累了丰富的经验,这为我国推进与执行排污权交易有很大的参考价值。

二、我国排污权交易制度的实践探索及不足

(一)我国排污权交易的实践探索

根据《大气污染防治法》《水污染防治法》及其实施细则等法律法规的规定,我国已经建立并普遍实施了污染物排放总量控制制度和许可证制度,这为排污权交易制度的建立提供了上游制度基础。另外,我国于1998年5月29日签署了《京都议定书》,成为第三十七个签约国。该公约目前只规定了发达国家温室气体的排放量,暂时还未对发展中国家的温室气体排放量作出硬性规定。不过纵观当前发展形势,我国的二氧化碳排放量已超过大多数国家,甲烷、氧化亚氮等温室气体的排放量也大大高于世界其他国家。在可预见的未来,假如我国仍旧任由污染物自由地排放进入空气、土壤或水源之中,那么当相关国际公约开始对发展中国家污染物排放量做出硬性规定时,我国将被迫支付巨额资金去其他国家购买排放量。为了避免出现这种局面,我国应该从当下开始逐步建立并完善排污权交易制度,以推进企业与居民养成节能减排的良好习惯,保证我国的可持续发展能够顺利进行。

我国在试点省份推行了排污权交易制度,并已经取得了成效,逐步掌握了相关法律与政策在交易定价、交易规则、交易模式等方面的推进手段与措施,这里仅以全国试点的5个省区之一的湖北省为例做说明。湖北取得排污权的单位,不免除环境保护的其他法定义务。其他已出台的有关排污权交易的地方法规、规章都对可交易的主要污染物类型、排污权交易的法律含义、目标和原则、交易主体、交易程序、监督与管理、法律责任等做出明确的规定。

(二)我国排污权交易制度中存在的法律问题

环境保护制度的制定及推行在我国已经经过了相当长的时间,相对而言,排污权交易制度还是一个新生事物。总结与研究我国已经取得的相关实践经验可以发现,排污权交易制度能够在一定程度上改善环境质量,修复环境污染,进而提升人们的生活质量。当前排污权交易在我国还处于试点阶段,在其推广与执行阶段所存在的一些问题不得不引起我们的注意。

1.排污权交易的立法体系不健全

当前,我国仅仅在一部分省份开展了排污权交易的试行,尚未在全国范

围内大规模推行排污权交易制度。综合当下各试行省份的排污权推进情况可以发现，排污权交易在实践中的应用与推行得到了较好发展，而相关地方立法却仍然没有得到确立及完善。除此之外，关于排污权交易的具体操作规范也存在一定的不足，相关政策尚未得到法律层面的认可。在国家立法层面，只有《大气污染防治法》《水污染防治法》和其他相关法律规定了总量的污水许可证制度、排放控制系统，但对排放权交易制度尚没有具体的条文，国家层面仍没有独立明确的排污权交易条文及规范。

2.排污权交易的外部市场运行机制存在阻碍

我国的排污权交易制度是从西方发达国家引入进来的，该制度孕育并产生于西方发达国家发展已经相当成熟的市场之中。不可否认，排污权交易制度的成功运行离不开运作成熟的市场。当前国内尚未形成成熟的市场。不管是法律条文还是实践展开，排污权交易制度当前都是政府处于主导地位。

仔细观察我国排污权交易的过程可以发现，大量交易行为不是在自由的市场运行环境中展开的。具体来说，当前国内市场中的排污交易大多是一对一展开的，交易对象并非通过自身意愿决定；交易价格大多由政府相关部门确定，而不是在市场竞争机制中自然形成。可见其运行过程中始终贯穿着政府行为，不属于自由市场的环境。除此之外，因为政府的干预，排污交易过程中滋生了严重的地方保护主义。尤其是在部分跨区排放交易中，地方政府经常通过行政手段干预交易自由。例如，行政命令禁止在该地区转让排放权指标。对于其他地区，很难开发未开发的排放交易。用行政命令取代市场运作影响了排放交易的公平性。

3.排污权交易的相关基础制度和配套制度不完善

作为排放交易系统的上游系统——总控制系统和污水许可证制度是确定排放权初始分配的主要依据。在当地污染物排放总量控制的前提下，环保部门应根据各污染源的排放状况和经济性、技术的可行性，向污染物排放单位申请排放污染物。发出超过总排放控制指标的污染物排放单元《排放许可证》，并且发出超过总排放控制指标的污染物排放单元《临时排放许可证》，并且在一定时限内减少排放。污染物排放许可的审批程序基本上是排放权的初始分配，实质上是行政许可。由于环境容量资源具有资源属性，排放权的分配是指财产权益的分配，因此初始分配应为付费分配。但是，除了试图探索某些地区的有偿排放权分配外，初始分配基本上是免费的，不能反映环境容量资源的生态价值和财产价值。此外，现有的排污权初始分配制度要求对污染者的实际排放量和交易量进行准确监测，在此基础上，难以准确监测污染物的数量和交易量。

三、完善我国排污权交易制度的法律思考

美、德等发达国家的排污权交易制度发展得较为完善，其中存在值得我国借鉴的地方。当前我国排污权交易存在的一些问题，要在一定程度上参考国外的先进做法，不断推进排污权交易的实践与立法。

（一）加强立法，构建完善的排污权交易制度，依法规制排污权交易

《中华人民共和国立法法》第 64 条规定：国家尚未制定法律或者行政法规的，省、自治区、直辖市和较大的市根据本地方的具体情况和实际需要，可以先制定地方性法规。当前，我国国内尚不存在明确的、对排污权交易作出规定的国家层面立法制度。仅仅有一部分省份先行制定了相关地方立法，不过这些省份基本上是国家排污权交易的试点省份，除此之外的其他省份仍未成立专门法律法规。即使已经制定相关法律法规的省份，其相关制度也存在一些问题，例如内容不全面、缺乏配套法规、操作性不强等不足。

因此，为了更好地推进排污权交易的实践与推广，应该尽快完善地方相关立法，并尽早制定国家层面的相关法律。一方面要推进地方立法的不断完善。要充分总结当前已有的立法经验，并借鉴发达国家的先进实践经验，正确认识当前立法的不足与缺陷，进一步明确具体制度、实施总量的详细控制措施控制、许可证交易管理措施、污染物排放监测和管理方法，为当地污水处理权利交易提供运作的法律依据。另一方面要把握合理实际成立国家层面的排污权交易立法制度。环境保护部可制定指导部门规则《排污权交易指导办法》，统一规定排污权交易指导思想、目标、基本原则、具体制度、法律责任等，规范地方立法，指导地方排污权交易。

（二）完善排污权交易的相关制度设计

在排污权交易过程中，污染物总系统总控制系统、许可证制度、污染物监测系统、排放权初始分配制度等，确保排污权交易公平公正、促进良性形成交易市场的重要作用。鉴于目前排放交易系统存在的诸多问题，我们应该着重改进相应环节的系统设计。具体而言，应从以下几个方面逐步改进重点。

第一，总污染物排放控制目标、总设计、调查和检测、总分布等，要将其在明确的法律条文中作出规定。环境容量的确定过程是较为复杂而专业的

过程，政府相关部门要与专业科研机构展开合作，以创新的检测技术较为精确地测量环境容量，进而确定污染控制总量，最终为排污权交易相关法律的制定提供较为科学而准确的依据。

第二，政府环保部门应建立完整的排污跟踪系统、审核调整系统，加大对污染源的监测力度，准确掌握污染排放数据，并及时公开相关环境数据，确定污染物排放情况，为排放权的初始分配提供了科学依据。

第三，逐步实现从无偿到补偿的排污权初始分配的过渡，以反映环境容量资源的使用价值和环境法的“污染者付费”原则。付费分配的方法，包括拍卖、销售等。政府应对长期占用污染物排放指标的单位进行重组，并通过拍卖和奖励方式将排放权分配给新建单位，充分实现污染排放指标的有偿初始分配。在此基础上，污染源之间的污染权重新分配将通过市场实现。

第四，大力发展排污权交易中介机构，提供交易信息、专业处理排污权储存和贷款服务，为企业开展排污权交易提供服务。

（三）转变政府职能，加强排污交易中的政府监管和服务

排放权交易需要在自由的市场环境中开展，在这一过程中不可缺少市场工具的参与与调节。不过，排污权交易同时也需要政府的监督与管理。在实践中，由相关经济原则可知，市场机制的调节作用也会存在“失灵”状况，这时就需要政府及时出手进行干预。当排污权交易获得进一步发展，其市场运行进入较为成熟的阶段之后，政府需要及时转变角色，由强硬干预角色转变为监督与管理角色。

（四）循序渐进，培育成熟的排污交易市场

我国的排污交易市场刚处于起步时期，仅仅在一些省份进行了试运行。一般来说，良好的排污交易需要成熟的市场机制做后盾。在我国，社会主义市场经济正在快速发展，排污交易所需的各种基础条件逐步成熟。中国推行排污交易可以从东南沿海经济发达地区或东部市场经济相对成熟的大城市开始，逐步扩大排污权市场，最终建立全国性的交易市场。

第五节 环境税法律制度的完善

一、环境税的基本理论内涵

环境税，或称“生态税”“绿色税”，是税收手段在环境保护领域的运用。

所谓环境税，是指国家为了实现特定的生态与环境政策目标，筹集生态环境保护资金，对开发、利用环境资源或向环境排放污染物的单位和个人依法开征的一种税，是税收体系中与自然资源开发利用和环境污染防治有关的各种税收和税目的总称。环境税制度是通过税收手段来实现资源与生态环境保护目的的税收制度。

依据设立目的的不同，环境税通常被认为由两个部分组成，其一是为实现环境与资源保护的特定目的而征收的税种，这类环境税以环境保护为其主要设定目标，一般被明确确认为“环境税”的税收，如排污税等；其二是一开始是以其他目的（比如调节消费、减少级差收益等）而设立的税种，但这类税种在实施过程中对环境保护有明显的影响，或者说在实现其征税目标的过程对环境保护产生较大的“负效”，以后经过修改逐渐演化为以环境保护为主要目标的税种，如能源税、燃料税等，很明显，这类税的征收并不全是为了环境保护目的。开征环境税的目标，从短期看，是为了通过税收杠杆刺激企业技术革新，提高资源使用效率，减少排污量，引导改变消费模式，解决环境治理资金；从长远看，是为了实现经济的可持续发展、维护生态平衡，实现代内、代际公平。

根据对人类发展所起的作用，可以将自然资源划分为三种不同的类型：消费品、资源、废物。相应地，根据自然资源的作用，完整的环境税制应包括环境消费税、排污税和资源税。消费税是根据商品的一般增值税对大量消费品征收的税。这一税种所起的作用主要是调整产品结构，引导公众的消费方向，给政府带来相应的财政收入。环境消费税的功能和普通消费税所具有的功能是相同的。一部分消费品的使用会对自然环境产生一定的污染或损害，所以消费税能够在一定程度上促进人们环保意识的提升。例如政府对鞭炮、烟花、汽油、汽车、摩托车等征收的税款。排污税是对直接排放到环境中的污染物征税。这是与所造成的污染的实际价值（或估计价值）直接相关的纳税，其主要目的是降低环境污染、修复环境损害、改善环境质量。为资源价值补偿等目的征收的税，如污水税、噪音税、垃圾税、二氧化硫税和废弃税。资源税是对自然资源的开发和使用征收的税，如石油税、煤税、有色金属税、水税、盐税。

二、我国现行环境税法律制度及其缺陷分析

我国的环境税制度起步较晚，虽然环境税的实施在促进环境保护方面发挥了一定作用，但总体上还很不完善。从法学的视角考察，我国环境税制度的不足主要表现在以下几个方面。

(一)排污税缺失,而征收排污费制度则存在尚待改进之处

中华人民共和国成立以来,中国长期以来一直在实施有计划的经济体制。相应地,政府在经济的经济生活中具有绝对的主导地位。在此背景下,污水收费系统的收集已成为我们的首要任务。自 20 世纪 70 年代末以来,中国一直在使用这一系统。目前,国家污染物收费标准 100 多项,地方补充收费标准数十项。征收排污费所获得的资金大多用于环境的治理与改善,其也起到了增强企业环保意识的作用。不过,因为排污费征收的相关规定尚不完善,在实践过程中还有一些问题。

一是排污费征收额度较低,征收面涵盖范围较小,收集不充分。政府最初向企业征收排污费是为了推动企业安装污染治理设备,并非是出于补偿环境的目的。危险废物、住宅垃圾、流动污染等皆不在排污费的征收范围之内,且排污费实行单因子收费办法,企业将多种污染物集中于一个排污口排放,即只需要交一种排污费,显然这一征收办法存在一定的不合理性。二是排污费征收较为困难,征收范围较小,且存在严重的拖欠现象。三是排污费征收之后归地方政府支配,降低了国家对排污费资金的宏观调控能力,地方政府在排污费的使用过程中存在挪用、使用效率较低等现象。

(二)资源税在征收目的、范围、计税依据等方面存在不足

在现行税制中,资源税只是作为一种差别税而设计的。政府征收资源税主要是为了协调与平衡资源开发者的工作条件,促进其在较为公平的环境中展开竞争,提升其在开发及使用自然资源时的环保意识与节约意识。资源开采条件从根本上影响着缴税金额,而开采资源后对环境所造成的影响则不在衡量范围之内。除此之外当前我国所实行的资源税征收范围相对较小,主要包括原油、天然气、煤炭、有色金属矿原矿、黑色金属矿原矿、其他非金属矿原矿、盐 7 个税目大类。缺乏税收监管导致这些资源的不合理开发利用。此外,资源税的税收基础是不合理的。如果纳税人开采和生产销售的应税产品,则销售额为税基。如果纳税人开采和生产应税产品供自己使用,则为其自用的应税基础。这将导致公司不对不能出售或用于采矿的资源征税,并间接鼓励矿工盲目利用积压的自然资源和废物。

(三)消费税缺乏环保意识与设计

消费税的主要目的在于调节消费结构,最终不能引导消费者注重绿色消费的理念。另外,消费税的征收范围较小,税率相对较低。电池、塑料袋等一次性产品目前尚不在消费税的征收范围之内,而显然这些一次性产品

一旦投入环境将产生严重污染与损害。汽油、柴油、鞭炮、烟火等则只需缴纳相对较低的消费税就可正常使用，起不到应有的作用。

（四）环境税体系尚未完全建立

当前我国所实行的环境保护税并没有系统独立的体系进行规范，其分别散步于资源税、耕地占用税、土地税等法律体系之中，政府无法对其进行系统规范的操控。另外，我国缺乏正规系统的污染税，因此实质上环境税体系的建立与完善还有很长的路要走。当前税种分散使得环境税难以形成合力，不能达到通过环境税来控制及降低环境污染的最终目的。因为环境税缺乏系统及独立的税法体系，在实际的运行操作过程中，监管部门各自独立征收税额，独立设置相应的优惠措施，独立制定相关推行政策，不能从根本上达到改革环境税的目的，也无法起到培育社会公众纳税意识的目的。

三、重构我国环境税法律制度的思考

当前我国正在全力推行"生态文明"理念，在全国范围内倡导节能减排。国家相关机构也在研究制定综合各种污染税的环境保护税。与此同时，针对资源税的调整与改革意见也开始了各方论证。"双税"改革的推进一定会在很大程度上影响企业的生产活动，同时也会极大地推动我国税费征收制度化的进程。通过我国多年的实践经验，以及参考西方国家的先进经验不难发现，我国逐步推进环境税体系构建需要注意以下几项措施。

（一）完善并逐步改革现行排污收费制度，为开征环境保护税奠定基础

综合以上论述，我国通过收取排污费取得了一定数额的资金，同时也控制了企业生产活动对环境所造成的损害与污染，取得了相应的成绩，不过因为收费制度所存在的不稳定性及不规范性，我国在排污费收取过程中仍然有一些不足，这些不足使得收费效果打了一定折扣。所以，政府要对当前的收费制度进行一定的修正与改进。当前理论界与实务界存在"大环境税"与"小环境税"之间的争论，不过以长远眼光来说，政府推进排污费改革朝着"费改税"方向进行势在必行。在具体的实践过程中，政府税务及有关部门的税费改革方案和措施充分体现出了这一趋势与特点。

因为系统推进费改税不可能在短时间之内实现，因此应该先对排污收费制度进行展开修正与改进。完善排污费制度可以从下面几点开始。第一，政府向企业征收排污费，除了督促企业及时安装污染治理设备，还应该和排污行为引起的环境外部不经济性联系起来，与全面推进社会可持续发

展联系起来。所以,政府要与相关科学机构联手确定环境容量及污染损害,以此作为依据来制定科学的收费标准、征税范围,等等。第二,制定科学合理的收费额度,从过度的标准收集到问题的收集,从单一浓度标准到浓度与总量的组合,从单因素标准到多因素标准。第三,政府收取的排污费计入政府预算,建立专项基金,将其专门用于环境治理工作上。

在完善排污费制度的基础上,逐步推进环境保护费改税,最终以环境保护税制度取代环境费制度。未来的环境保护税是一个类概念,涵盖了水污染税、产品污染税、大气污染税、垃圾税、噪声污染税等税种。

(1)产品污染税

主要是针对工业企业生产的有害环境的产品征收的税种,如含磷洗衣粉、洗涤剂,一次性泡沫餐具、塑料包装袋,有害环境的灭鼠药、杀虫剂、剧毒农药等。

(2)水污染税

以企事业单位、经营者及城镇居民排放的含有污染物质的废水为课税对象。以排放废水的单位和个人为纳税人。

(3)空气污染税

以企事业单位及个体经营者的锅炉、工业窑炉及其他各种设备、设施在生产活动中排放的烟尘和有害气体为课税对象,以排放烟尘、扬尘和有害气体的单位和个人为纳税人。

(4)垃圾税

以企事业单位和个体经营者及城镇居民排放的各种固体废弃物为课税对象,以排放固体废物的单位和居民个人为纳税人。

(5)噪音税

对民航、汽车、火车等交通设备及建筑工地等,都应征收噪音税,其纳税人为航空公司、汽车或火车的使用者及建筑队等。

(二)调整资源税的征收目的,建立较为完善的资源税制体系

在现行税制中,资源税只是作为一种差别税而设计的。政府征收资源税主要是为了协调与平衡资源开发者的工作条件,促进其在较为公平的环境中展开竞争,提升其在开发及使用自然资源时的环保意识与节约意识。资源开采条件从根本上影响着缴税金额,而开采资源后对环境所造成的影响则不在衡量范围之内。

当前我国正在大力推进生态文明建设与可持续发展,为了响应这一要求政府要将资源税看作是提升开发者的利用效率、节约环境资源的重要手段。以这种目的为指导开展资源税的修正与改革工作,对纳税主体、征税范

围、税率及计税依据作出科学的修正。纳税主体要逐步将与环境质量变化息息相关的一切企业与个人纳入进来。

当前的征税范围主要是原油、天然气、煤炭、其他非金属矿原矿、黑色金属矿原矿、有色金属矿原矿、盐 7 种资源，在修正过程中要慢慢地将土地、水、森林、草原等与人类生产与生活关系较为密切的自然资源纳入进来。尤其是逐步加大人们生产与生活用水的成本，对水资源征收一定的资源税。为了更加合理地设置税率，政府应该系统权衡环境资源的质量、稀缺性、可再生性等等。在此基础上，对那些质量较好的资源、稀缺性较强的资源、不可再生资源收取额度较高的资源税。在计税依据方面，废除当下以销售量及自用数量为依据的方法，进而采用根据资源开采或生产数量为依据的办法。

（三）以调节消费结构和倡导绿色消费为目标，改革现行消费税

为了消费税的征税，应调整消费结构，调整消费结构，促进环境保护，作为税收设计的双重目标。具体措施是：一方面，适用的汽油税率、柴油、鞭炮、烟花和其他应税消费品可适当增加；另一方面，一些难以降解且无法回收的消费品，如一次性电池、筷子和氟利昂等产品都列入消费税范围。鼓励企业通过税收杠杆促进清洁生产，鼓励消费者使用“绿色产品”，倡导绿色消费。此外，对污染环境的消费品征收的消费税也应包括在污染产品税项目中。通过调整消费税，它成为环境税含量较高的税收。

（四）完善城市维护建设税

为了加快乡镇公共基础设施建设，应把城市维护建设税扩大到乡镇，并将此税设立为独立的税种，而不再是一种附加税，从而增加该税的税收收入，扩大其所保护的环境范围。

（五）“绿化”现有税制结构，完善环境税优惠措施

根据中国目前的税收结构，我们将通过增加具体的税收目标，调整适用的税率或改变会计方式来实现环境保护目标。在消费税方面，对清洁生产的清洁能源和家用电器、汽车存在差别低税率，其中有环境标志和能效标志，以促进环境保护；营业税、环保企业增值税、环境设施公益事业和城市的维护建设税等税收制度方面突出了其环保功能的激励。此外，有必要取消一些不利于环境保护的中国现行税法规定。

我们将改革中国现行税法中的一些环保优惠措施，鼓励和支持环保企业或税收支出个人，取消不利于环境保护的税收优惠政策，建立科学体系的

税收激励制度从而有利于环境保护。第一,在企业所得税中,增加环保投资信贷和环保设备加速折旧的优惠措施,取消不利于环境保护的规定。第二,在增值税中,免税资源可以适用于使用可再生资源或替代品作为原材料的产品的免税优惠政策。第三,营业税中,公司对工业企业销售产品的综合利用和环保政策损失的经营活动实行营业税减免。第四,在关税中,对严重污染环境,破坏生态的进口材料和产品征收较高的关税,对进口的环保设施和产品实行低收入或零税率。

第五章　环境法律责任研究

法律是社会学意义上的一种制度现象。法律责任是制度的一种，具体表现为法律规则的结合，背后构建着法律秩序价值。法律责任作为保障法律实施的一项制度，是法治不可或缺的环节。法律责任的制定与实施都与法律自身内容紧密相关。任何一部法律都不可能离开法律责任去单独规定立法目的与法律措施。法律责任的确立从根本上说是对法律行为进行的法律评价，是对利益关系进行的法律调整。法律责任是立法者要实现其立法目的的主要保障方式。因此，环境法律责任的设置和运行必然要遵循和体现环境法的立法目的，确保环境法的实施和环境法功能的实现。

第一节　环境法律责任的基本范畴问题

环境法中的法律责任是指违反环境法，破坏或者污染环境的单位或者个人所应当承担的责任。环境法律责任可以分为环境行政责任、环境民事责任和环境刑事责任三种。环境法律责任是环境法体系的重要组成部分，是环境法正常运行的保障机制，由于环境法律责任及其执行涉及环境法主体的自由、人格、财产以及生命，具有直接的司法意义，因此深入研究其属性、特征和归责等问题具有重要的意义。

一、环境法律责任的概念与性质

（一）环境法律责任的概念

1. 法律责任的概念

对环境法律责任的研究首先应当从责任理论的视角来探寻环境法律责任制度的本质、内核以及逻辑形式。理论研究中比较有代表性的是“后果论”和“义务论”。卓泽渊教授认为法律责任是法律后果，“是由于违法行为或不属于违法行为的特定法律事实的出现而使责任主体应对国家、社会或他人承担的法律后果。"[①]义务论认为法律责任乃是行为人所应承担之特殊义务，义务论以特殊义务强调责任承担之该当性，认为义务"是由于侵犯法定权利或违反法定义务而引起的，由专门国家机关认定并归结于法律关系有责主体的、带有直接强制性的义务，亦即由于违反第一性法定义务而招致的第二性义务"[②]。

2.环境法律责任的概念

环境法律责任是一种法律责任，但它有其独有的特征。关于环境法律责任的定义，环境法学者根据他们对环境法律责任的解释给出了不同的概念，这些概念大致分为几个观点，如违法，违反义务和环境危害。根据违法行为理论，环境违法行为与环境法律责任密切相关，只有实施环境违法行为的人才有环境法律责任；违反义务的行为理论认为，环境违法行为只是行为人承担环境法律责任的原因之一，如果行为违反环境管理和民事合同规定的义务，还应承担环境法律责任；环境危害理论认为，只要行为者的行为造成环境破坏或造成环境破坏的危险性很大，就应当依法承担环境法律责任。

以上三种观点均认为违反法定环境义务将导致环境法律责任。违反环境法引起的环境法律责任是最常见的环境法律责任之一。特别是在中国，由于不合理的自然资源开发造成的环境污染和环境破坏造成的大部分损害源于犯罪者的非法行为。因此，违反环境法引起的环境法律责任是最重要的环境法律责任之一。这些代表性的观点对环境法律责任有一个合理的理解，但共同特征是环境法律责任的定义只是从环境法律责任的某个特征或外观来讨论，研究的重点是环境。法律关系变更的原因涉及法律责任的处理方法和结果，并未给出环境责任整体全面的定义。

综合以上几种观点，我们对环境法律责任作出如下定义：环境法律责任是指行为人之行为违法、违约或基于法律特别规定，并造成环境损害或可能造成环境损害时，行为人应承担的不利的法律后果。

（二）环境法律责任的内在属性

1.环境法功能实现的制度载体

事实上，环境法律责任制度可以被理解为实现环境保护目的的工具。从理论上讲，环境法律责任制度可以有许多功能和目的，可以用来追求广泛

① 卓泽渊.法理学[M].北京：法律出版社，2004，第269页.
② 张文显.法哲学范畴研究[M].北京：中国政法大学出版社，2001，第119页.

的道德、经济、司法或社会目标。一般而言，环境责任制度是污染者为其造成的环境损害支付的手段之一，并采取措施防止、补救或补偿环境损害。从经济学的角度来看，环境责任是针对环境损害外部性的“成本内化”过程进行调查。因此，环境法律责任是实施环境法的重要工具。与所有环境政策工具一样，法律责任已被用作创造责任和激励责任方减少环境损害并试图防止可能的未来损害的机制。

环境责任最重要的特征之一是环境法为个人、法律实体设定了广泛的环境义务，这是由环境法的目的决定的。对环境和倾斜保护的特别关注是环境法律责任与其他法律责任之间差异的基础。作为法律保护对象的环境不仅因为它受到环境立法的监管，而且对特定主题的确认也需要环境法律责任来保护和恢复环境。这是环境法律责任制度的核心。

2.对环境问题的综合法律回应

环境问题的出现客观上打破了部门法划分之间的差距。环境问题的全面性和复杂性使任何一部门法律都无法单独承担这一责任。规则之间的沟通和协作变得不可避免，部门之间的差距也在缩小。环境法本身是全面的，跨部门的，是各种法律规范的结合，与其他部门法律重叠。在环境问题上，法律的完整性再次凸显，部门法的界限逐渐模糊，法律的整合与统一已成为必然趋势。这一结论与环境效益、环境法调整的最终目标的属性以及环境损害的事实属性有关。具体而言，环境利益本身的性质不能明确划分为某种类型的法律问题。它可能涉及私人利益和公共利益。环境法的全面性决定了环境法律责任的全面性。环境损害往往影响私人利益和公共利益，因而产生的法律责任法规反映了一种趋同趋势，这种趋势由许多不同的法律责任组合共同解决环境损害。

二、环境法律责任的分类

根据不同的分类标准，可以把环境法律责任做不同的分类。

第一，按照主体不同，可分为自然人环境法律责任、单位环境法律责任和国家环境法律责任。

第二，按照侵权人的主观因素不同，可分为过错环境法律责任、无过错环境法律责任和公平环境法律责任。

第三，按照产生的原因不同，可分为侵权的环境法律责任、违约的环境法律责任。

第四，按照法律责任的性质不同，可分为环境民事责任、环境行政责任和环境刑事责任。

第五，按照法律责任承担的主体数量不同，可分为单一主体的环境法律责任、多主体的环境法律责任。

第六，按照是否有涉外因素的不同，可分为国内的环境法律责任、涉外的环境法律责任。

综观我国的环境与资源保护单行法律，在法律责任一章中其遵循的立法体例基本都是先民事责任、再行政责任、最后刑事责任的立法模式。所以按照法律责任的性质不同对法律责任所做的分类，在我国环境与资源保护法律规范中具有不可替代的地位。

三、环境法律责任的判断原则

环境法中的法律制裁，是指国家对承担法律责任的单位或个人依法实施的惩罚措施。与法律责任相对应，法律制裁也分为行政制裁、民事制裁和刑事制裁三种。

法律责任和法律制裁是既有联系又有区别的两个概念。环境违法行为往往导致法律责任的承担，而法律责任的承担，一般又导致法律制裁。对于承担某一法律责任者，可以根据违法行为的性质、情节，给予相应的法律制裁，从重、从轻、减轻甚至免除法律制裁。法律责任和法律制裁不应混淆。

一定的环境法律事实是环境法律责任发生的基础。所以，环境法律责任的判断和分析都是以事实为依据，以法律为准绳，结合案情进行法律分析。一般而言，环境法律责任的判断和分析可以依据以下几个原则进行。

（一）公法责任和私法责任分别追究的原则

有关环境法的诸多案例中，一个案件往往同时存在环境民事责任和环境行政责任、环境民事责任和环境刑事责任，或多种责任并存的情形，这时应当同时追究责任人的公法责任和私法责任，那种认为一种法律责任的承担是对另一种法律责任的免除的观点是错误的。《民法通则》第 110 条规定："对承担民事责任的公民、法人需要追究行政责任的，应当追究行政责任；构成犯罪的，对公民、法人的法定代表人应当依法追究刑事责任。"由此可知，我国法律不存在"罚了就不打、打了就不罚"的原则，任何单位或者个人，如果其行为触犯了几个部门法，就要相应地承担几种法律责任，受到几种不同的法律制裁。

（二）不重复追究的原则

该原则是指性质、内容相同的具有可替代性的数种法律责任不可重复追究。如对同一个行政违法行为，不得就同一相对人处以两次以上的罚款。再如，如果违法行为人被判处刑事责任中的附加刑罚金，而在行政责任中又被处以行政处罚的形式之一罚款，那么，应当在罚金的数额中减去罚款的数额，剩余的部分由违法行为人补缴。

（三）私法责任主体唯一的原则

在民事责任承担中，民事权利能力和民事行为能力是当事人承担民事责任的充分必要条件，只有同时具备上述条件的自然人和单位才能承担民事责任。该原则是针对法人的民事责任来说的，法人的民事责任只能由具备法人资格的主体承担，仅以法人名义但不具有法人资格而从事民事活动的主体，倘若造成他人环境民事权力和利益的损害的，民事责任应当还是由法人直接承担。

（四）公法责任中个人和单位分别追究的原则

在环境刑事责任和环境行政责任的承担上，对个人和单位分别追究。在对单位追究环境刑事责任和行政责任的同时，还要对单位主要负责人和直接责任人员追究公法责任。

此外，还应当注意环境法责任条款的适用规则：依法律规范的效力依次适用；新法优于旧法；特别法优于一般法；例外规定优于一般规定。

第二节　环境法律责任的特征、历史沿革及发展趋势

环境法律责任是环境法律制度的重要组成部分，是环境法适用的重要条件。分析研究环境法律责任是促使环境法有效实施、正确处罚违法行为、遏制环境破坏的重要保证。这不仅是一个法理问题，更重要的是一个法律实践问题。随着生产的不断扩大，科学的不断发展，环境法律责任在民事责任一般原则的基础上，有新的发展，环境法律责任除运用一般民事责任原理外，有自身的一些特点。了解掌握这些特点，对正确适用环境法是非常有意义的。

一、环境法律责任的特征

（一）主体的广泛性

凡是对环境和资源进行开发利用者，或对环境保护负有监督、管理职责者，都可能成为环境法律责任的主体，包括国家、国家机关、企事业单位、其他组织、公职人员和公民个人。

（二）产生原因的多样性

引起环境法律责任的原因是复杂多样的，其既可以由环境污染行为引起，也可以由环境破坏行为引起；既可以由相关人的违法行为引起，也可以由相关人的合法行为引起；既可以由当事人的过错行为引起，也可以由不可抗力引起；既可以由加害人的故意或过失行为引起，也可以由受害人自身或第三人的行为引起。

（三）因果关系认定的复杂性

在环境污染和破坏所引起的环境法律责任中，加害原因与结果之间的关系是复杂多样的。因为污染物种类众多，相互之间的作用形式复杂，环境污染和破坏一般都是综合作用的结果，加害既可能是一种污染物对环境权利的侵害，也可能是复合污染，加害既可能是一次污染所造成的，也可能是二次污染的结果。此外，环境污染损害既可以直接导致对环境权益的侵害，也可以是污染物经过长时间的积累缓慢而间接地侵害环境权益。

二、环境法律责任的历史沿革

环境法律责任制度的主要功能在于保障环境法律规范所设定的环境义务的实现。环境法律责任制度是环境法律制度的一个必不可少的组成部分，没有环境法律责任制度作保障，环境法律、法规设定的各种环境义务就如同“环境道德”的宣示，难以实现其调整社会关系的功能，更难以实现环境法的立法目的。因此，环境法律责任制度的历史沿革与环境法的历史发展有着密切的内在联系。

环境法律责任制度同整个环境法律制度一样，经历了一个由萌芽、产生、发展到完善的过程。纵观环境法律责任制度的历史发展过程，可以大致将其划分为产生期、发展期、完善期三个阶段，现将各时期环境法律责任制度发展概况分述如下。

（一）环境法律责任制度的产生期

人类社会早期到18世纪60年代为环境法律责任制度的产生期。在这一阶段，由于社会生产力发展水平不高，人类对环境的影响能力不大，所产生的主要环境问题是由“钻木取火”“焚林而田”引起的水土流失和沙漠化，以及由人口的聚居和手工作坊的发展所产生的局部的环境污染。为了防止这种局部的环境破坏和环境污染，一些国家对某些污染环境、破坏环境的行为规定了环境法律责任。

这一阶段的环境法律责任主要有以下三个特征：第一，从法律责任的内容上来看，这些规定极为零星和分散，相互间缺少有机联系。第二，从责任的归责原则来看，往往适用结果责任原则。换言之，只要行为人之行为造成法律所禁止的污染环境的结果，无论行为人主观上有无过错，行为人均应承担法律责任。第三，从责任的承担方式来看，对违反环境保护法律规定的责任人往往采用较为残酷的人身惩罚形式。

（二）环境法律责任制度的发展期

18世纪60年代到20世纪50年代这一时期为环境法律责任制度的发展期。这一阶段，随着工业革命的蓬勃发展，社会生产力水平有了极大的提高。人类对于自然环境的开发、利用能力得到了空前的提高，经济也以前所未有的规模和速度迅猛发展。然而，与此结伴而行的环境污染和环境破坏也逐步发展成为威胁人类生存和发展的全球性问题。

针对这些情况，许多资本主义国家陆续制定了一系列单行的环境立法，比如英国颁布的《水质污染法》(1833年)、《制碱业管理法》(1863年)、《保护野生动物的法令》(1869年)、《净化大气法》(1956年)等单行性专门环境立法；美国于1785年制定的第一个土地法令、1872年制定的建立黄石国家公园的法令、1906年制定的《联邦古迹法》、1924年制定的《石油污染防治法》、1946年制定的《原子能法》、1948年制定的《联邦水污染防治法》、1955年制定的《大气污染控制援助法》等环境法规。在日本，1896年颁布了《矿业法》和《河川法》、1897年制定了《森林法》、1901年制定了《渔业法》、1951年制定了《国土调查法》《水产资源保护法》等。瑞典于1918年颁布了《水法》、1938年颁布了《狩猎法》、1950年颁布了《捕鱼法》。德国在这一时期也制定了《自然保护法》和《原子能法》等环境法规。

这一阶段的环境法律责任主要有以下两个特征：第一，从环境法律责任的内容上来看，远较萌芽阶段丰富，并已形成了防治污染的法律责任和保护自然资源的法律责任两大体系。第二，从环境民事责任的归责原则上来看，受资产阶级民主思潮的影响，已抛弃了萌芽阶段的结果责任原则，转而采用过失责任原则。但在这一阶段后期，在现代工业得以飞速发展的同时，环境问题日益严重。20 世纪 30 年代至 60 年代，世界上先后发生了令人震惊的八大公害事件。为了使受害人的利益得到法律的救济，一些国家开始对环境侵权民事责任的归责原则进行了修正，对某些特殊的环境侵权通过特别法形式确立了无过错责任原则。

（三）环境法律责任制度的完善期

20 世纪 60 年代至今为环境法律责任制度的完善期。这一阶段随着科技和经济的迅猛发展又出现了新的污染源。如原子能的利用和核动力的发展带来了放射性污染；随着农药等有机合成化学物的大量生产和使用带来了有机氯化物的污染。另外，一些全球性的环境问题也引起了世人的注意。由于人类大量使用制冷剂释放出氯氟烃等物质，或其他方面的原因，使臭氧层遭到破坏；由于城市化、工业化、交通现代化以及人口激增和矿物能源的大量消耗等原因，导致大气中的二氧化硫、二氧化碳等物质迅速增加，抑制了地球表面热量向太空的散逸，形成了“温室效应”。在此情形下，人们认识到各种环境要素是相互联系的一个整体，孤立地防止某一种环境要素的污染并不能真正提高环境质量。[①] 基于上述认识，各国在迅速制定大量的环境保护单行法规的同时，还制定了综合性的环境保护法律，对整个环境保护中的社会关系从宏观上进行调整。比如，日本于 1967 年颁布的《公害对策基本法》(1970 年又做了重大修改)，美国于 1969 年颁布的《国家环境政策法》，英国于 1974 年制定的《污染控制法》，联邦德国于 1974 年制定的《联邦污染控制法》，罗马尼亚于 1973 年制定的《环境保护法》，等等。

这一时期环境法律责任制度的特征主要体现在以下三个方面。

第一，这一时期不仅在各国国内形成了以环境基本法为基础，以防止污染、保护自然资源为目的的一系列单行法律、法规为具体依据的环境法律责任体系，而且，为解决全球性环境问题，国际环境法律责任体系也随着国际环境法体系的建立而初具规模。总之，这一时期，已形成了防治污染的环境法律责任与自然资源保护的环境法律责任并重、国内环境法律责任与国际环境法律责任相互配合且内容日益完备的环境法律责任体系格局。

第二，在环境民事责任领域，无过错责任原则在环境法中被普遍采用。而且，为使环境侵害的受害人得到法律救济，在因果关系的认定上，形式多

---

① 程正康. 环境法概要[M]. 北京：光明日报出版社，1986，第 40 页.

样的因果关系推定方法在各国环境责任制度上得到了广泛的使用。

第三，在责任形式上，也不再局限于往昔的单项的民事赔偿方式，而是方式多样，如民事救济不仅排除侵害、恢复原状成为广泛运用的民事责任承担形式，而且还出现了“部分排除侵害”“代替排除侵害的赔偿”等责任形式；随着国家对环境管理的日益加强，环境行政作用的不断扩大，有关责任主体还须承担各种不同形式的行政责任。

三、环境法律责任的发展趋势

（一）从人类中心主义到生态中心主义

一般而言，环境法的直接目的是保护和改善生活环境和生态环境，防止污染和其他公共危害，间接目的是保护人民的生存利益，促进社会和环境的可持续发展。这种环境法的二元论在立法和环境法研究中得到了广泛的接受。从对环境法形成和发展的历史考察来看，环境法的立法目的经历了几个时期。从最初发展所有权保护对象到承认环境利益，再到保护与环境污染控制有关的人的财产权和健康权，当然，环境法在此阶段对环境问题是负面的、被动的，大多数都使用事后救济模型。

环境法伦理价值的变化在一定程度上影响着环境法律责任制度的设计和发展。在最初的人类中心主义下，环境法律责任制度以人为本。在环境伦理走向生态中心化之后，环境法律责任制度的明显变化正是将环境保护作为一种法律责任。人与环境的关系包含在环境法律责任制的调整范围内，重点从人的角度转向环境的角度。

（二）从公害救济到可持续发展

无论是民法还是刑法、行政法的责任设置，在环境保护方面基本呈现了一个从损害结果发生为保护的起点，到环境损害行为、有发生环境损害可能的行为就进行规制。这些变化背后反映的是环境责任理念和制度定位的变化——由原来的事后救济思想转变为可持续发展思想，“不断提高人群生活质量和环境承载力的、满足当代人需求又不损害子孙后代满足其需求能力的、满足一个地区或一个国家的人群需求又不损害别的地区或别的国家的人群满足其需求能力的发展”。[①] 所谓可持续必然要从“事后”走向“事前”，

① 叶文虎，栗胜基. 论可持续发展的衡量与指标体系[J]. 世界环境，1996(01)，第7—10页.

从消极应对走向积极预防。坚持可持续发展的理念指导，要求实现代内公平、代际公平，法律需要为自然人、法人、其他组织甚至国家设置一个体系完善的环境义务体系。

（三）从具体利益到抽象利益

环境法律责任经历了环境利益保护的变革过程。最初，环境法律责任的开始和发展基本上跟上了私法责任的发展。保护环境利益只是狭隘的环境利益，即私人环境利益，以及私法责任造成的环境损害造成的具体个人责任。保护财产利益，在此期间，环境效益是特定的物质利益存在。随着环境损害的危害加深，私法责任的私人利益保护逐渐扩展到环境本身的利益，并将其作为“反思性利益”予以保护。作为一项符合环境利益的民法，环境保护的扩大只是在维护私营实体权利过程中所做的有限修正。私法的调整不能包括环境公共利益。公共法律责任在环境利益中的参与是在环境成为社会危机和公共问题之后。管理系统是一个抽象的秩序和权利。个人和财产权利不是保护的主要对象。在这一点上，环境法律责任保护的好处成为一种抽象的环境效益。环境利益变化的过程反映了利益调整范围内环境法律责任的扩大和深化。

（四）从主观归责到客观归责

归属基础的重要性在于解释法律责任追究的基本原因。责任基础和法律责任，责任关系或义务关系的前提是相应的概念。它决定了责任关系中不同主体义务的履行、分配和免除责任。国际法和国内法对环境损害的初步反应都是适用私法的责任。从理论上讲，有几种理解，如滋扰、严格责任和疏忽。过错原则是主要规则的原则，行为者的主观意志是责任的基础，它代表了回归原则中的主观规则。也就是说，如果出现故障，就有责任，没有过错就没有责任。在私法领域，自 19 世纪以来，过错责任一直是民事法律责任的主要责任原则。归因主要基于行动者的主观因素，分为两类：“主观过错”和“客观过失”。因此，在环境法律责任领域，行为人的主观方面是不合理的，在责任认定过程中，主观过错作为责任认定标准的地位逐渐被淡化。在司法实践的推动下，环境法律责任归属的基础经历了从过错到过错客体化到过错推定，最后到严格责任的过程。

在传统法律知识领域，过错原则是主要原则，严格责任往往被视为例外，因此环境的严格责任规则需要额外的司法证明。严格责任适用于明确界定的环境危害活动，而其他活动适用于过错责任。由于考虑到弱势群体的保护和责任保险的普及，客观过错理论逐渐主导了环境侵权领域。但是，环境责任原则的客观化并非无限制。这并不意味着所有环境损害赔偿责任人都要对严格责任负责。它们仅指“危险活动”,即那些造成一般环境破坏的活动。固有风险行为应基于严格责任原则;对于那些“非危险活动”,即那些本身不存在生态破坏风险的活动,仍应使用过错责任原则。在英美法律体系中,环境破坏行为依赖于不同的投诉,从而减轻了侵权行为。从比较法的角度来看,虽然无过错责任原则的表达方式不同,但该原则已应用于环境法律责任领域,特别是环境损害赔偿领域。

第三节 环境法律责任的内容问题

环境法律责任,是指造成或可能造成生态环境污染和破坏的当事人依法所应承担的法律后果。环境法律责任是环境法的重要组成部分,是环境保护最强有力的手段,完善环境法律责任制度、加强环境执法,是保证环境法有效实施、遏制环境违法行为的重要保证。我国《环境保护法》、其他有关的单行环境法律法规,以及地方性环境保护法规,都有环境法律责任的明确规定。我国环境法律责任分为行政责任、民事责任和刑事责任三种。

一、环境行政责任

(一)环境行政责任概述

1.环境行政责任的概念

所谓环境行政责任,是指违反环境法,实施了破坏或者污染环境行为的单位或者个人所应承担的行政方面的法律责任。此定义中的“单位”,是指法人和其他组织。法人是指具有民事权利能力和民事行为能力,依法独立享有民事权利和承担民事义务的组织。具备的条件是:依法成立,有自己的名称、组织机构和场所,有必要的财产或者经费,并可以自己单位的名义独立承担民事责任的社会组织。根据《民法通则》的规定,法人分为企业法人和非企业法人,后者包括国家机关、事业单位和社会团体法人和在我国境内的外国法人以及港、澳、台地区法人。“其他组织”是指未取得法人资格的社会组织。“个人”是指到达法定年龄并具有民事行为能力的自然人,包括我国公民和在我国境内的外国人以及无国籍人。

承担环境行政责任者还包括在履行环境保护监督管理职责的环境保护监督管理机构工作人员中的滥用职权、玩忽职守或者徇私舞弊而触犯法律者。追究环境行政责任者的法律依据，包括一切环境法律、法规、规章和具有普遍约束力的决定、命令。

2.基本规定

《环境保护法》第36条至第39条规定，如下行为都是行政违法行为，可以分别给予不同的行政制裁：拒绝环境保护行政主管部门或者其他依法行使环境监督管理权的部门现场检查或者被检查时弄虚作假的；拒报或者谎报有关污染物申报事项的；不按国家规定缴纳排污费的；引进不符合我国环境保护规定要求的技术和设备的；将产生严重污染的生产设备转移给没有防治污染能力的单位使用的；建设项目防治污染设施没有建成或未达到国家规定的要求而投产或使用的；未经主管部门同意，擅自拆除或者闲置防治污染设施又超标排污的；违反环境法规定，造成污染事故的；经责令其限期治理而逾期未完成治理任务的。《环境保护法》第44条也规定：造成土地、森林、草原、水、矿产、渔业、野生动植物等资源破坏的，其中情节不太严重，尚未构成犯罪的要承担行政责任。有关的自然资源法规中规定了更具体的应受行政制裁的行政违法行为。某些违反《治安管理处罚法》损害环境的行为，也可以追究行政责任。[①]

(二)环境行政责任的构成要件

环境行政责任构成要件是指承担环境行政责任者所必须具备的法定条件，即依法追究环境行政责任时，违法者必须具备的主、客观条件，这些条件是由环境法所规定的。

环境行政责任的构成要件与行政违法行为不同。前者是确定行为者承担环境行政责任的条件、标准，后者则是环境行政责任构成要件的重要组成部分和基础；没有破或者污染环境的违法行为，就谈不上确定行为者是否存在环境行政责任的问题。但是，要确定行为者的环境行政责任，仅仅存在违法行为是不够的，还必须查清行为者是否有过错、违法行为，是否造成危害结果等。根据环境法的规定，环境行政责任的构成要件包括：行为违法、行为有危害后果、违法行为与危害后果之间有因果关系和行为者有过错四个要件。

---

① 金瑞林.环境法学[M].北京：北京大学出版社，2007，第127页.

1.行为违法

行为违法指行为人实施了破坏或者污染环境的行为因而违反了环境法。这是环境保护领域中行为者承担环境行政责任的第一个必要条件。环境行政违法行为包括两大类:环境保护行政主体及其工作人员在环境与资源保护行政管理中的违法行为,环境行政管理相对人所造成的污染和破坏环境的行为。具体违法行为,如《环境保护法》第35条的规定:拒绝环境保护监督管理部门现场检查、拒报或者谎报污染物排放申报事项、不按照国家规定缴纳超标排污费等。例如,2013年12月28日修订通过的《海洋环境保护法》第73条和2015年8月29日修订通过的《大气污染防治法》第99条明文规定,超过规定标准向海洋或者大气环境排放污染物者,属于违法行为。

2.行为有危害后果

在环境法领域,危害后果主要是指造成环境污染、自然资源或者生态破坏以及造成公私财产或人身伤亡的结果。在我国《环境保护法》和环境保护单行法以及许多行政责任规范中,并未将危害后果规定为承担行政责任的必备条件,如我国现行《环境保护法》第35条、第36条和第37条的规定。但在某些场合,环境保护法明文规定,只有在具备危害后果时才承担行政责任,例如《环境保护法》第38条的规定。该条款还规定:情节较重的还要追究有关责任人员的行政责任。

可以看出,“有害后果”的法律意义在不同情况下是不同的。在某些情况下,就法律而言,危害的结果是行政责任的组成部分;在其他情况下,危害的结果不是行政责任的组成部分,而是对罪犯实施行政制裁的严重阴谋;在某些情况下,只有在情节严重的情况下,有害后果才成为责任人行政责任的组成要素。

3.违法行为与危害后果之间有因果关系

违规行为与行为造成的损害或行为造成的环境后果之间存在内在的、不可避免的联系,而非明显的、意外连接。例如,鱼塘中的大量鱼类已通过附近化学工厂的环境监测得到确认,该工厂因事故而造成大量污染物,而不是其他单位的排放行为或其他活动(如中毒)。此时,可以得出结论,化学工厂的污水排放行为是造成大量鱼类死亡的原因。鱼塘的鱼死亡已成为化学工厂排放的有害后果,它们之间存在必要的因果关系。

然而,现实生活中的因果关系往往更复杂,并且由于结果超过这一事实更为常见。因此,我们必须坚持内在的、客观事物的必然联系,排除非人类(如自然灾害)因素,并正确区分因果链中的主要环节、原因和条件,如池塘中污染物浓度、与当时气候异常之间的界限。

确定环境行政责任要素之间的因果关系,必须遵守直接的因果关系,不应适用污染损害赔偿的"因果关系推定"原则。如果没有必要将有害后果作为环境行政责任的一部分,则没有必要确认因果关系。

4. 行为者有过错

这是实施污染或破坏环境行为者主观上的一种心理状态或动机,包括故意和过失两种,如果行为人主观上没有过错就不应承担行政责任。故意是指行为人明知自己的行为会造成污染和破坏环境的结果,并且希望或放任这种结果的发生。过失是指行为人应当预见自己的行为可能给环境带来损害,因疏忽大意没有预见或者已经预见而轻信能够避免,以致发生了环境污染或环境破坏的结果。分析行为人的心理状态,对是否承担行政责任以及责任的轻重具有重要的法律意义。过失的心理较之故意的社会危害性要轻些,因此在对待同一危害结果适用法律时,对过失的制裁比对故意的制裁为轻。实践中,对环境和资源的破坏多表现为故意,对环境的污染多表现为过失的心理状态。

关于行为有危害结果是否是环境与资源保护行政责任的构成要件,需要注意的是,我国环境与资源保护立法中在大多数情况下并不把"危害结果"作为承担行政责任的必要条件,如《环境保护法》第 62 条等的规定就不要求产生危害后果。而在有些情况下,"危害后果"则作为追究行为人行政责任的必要条件,如《环境保护法》第 68 条的规定。由此可知,"危害结果"在某种情况下是追究行为人法律责任的选择条件,而不是必要条件。

(三)环境行政责任的种类及程序

1. 环境行政处罚

(1)环境行政处罚的概念及特点

环境行政处罚是指环境保护监督管理部门给予违反环境行政法律规范尚未构成犯罪的单位或者个人实施的一种行政制裁。环境保护监督管理部门包括对环境污染防治实施监督管理的国家海洋局、国家海事部门、国家渔业行政主管部门、军队环保部门和各级公安、交通、铁道、民航等管理部门,还有依法对资源保护实施监督管理的县级以上政府的土地、矿产、林业、农业、水利等主管部门。行政处罚具有以下特点:行政处罚的主体是国家特定的行政机关和法律、法规授权的组织；行政处罚的对象是作为行政相对方的公民、法人或其他组织；行政处罚的前提是行政相对方存在违反环境行政法律规范的违法行为；行政处罚是一种以惩戒违法为目的的具有制裁性的具体行政行为；行政处罚是行政机关单方性强制性行为，不以相对人的意志为转移；行政处罚具有时效性。

(2)环境行政处罚的种类

环境行政处罚的种类是指环境保护监督管理部门对破坏或者污染环境者实施行政处罚的类别或者形式，是行政处罚的外在表现，而且是由行政处罚法、环境保护法以及各种单行法明文规定的。《行政处罚法》规定了七类：警告；罚款；没收违法所得、没收非法财物；责令停产停业；暂扣或者吊销许可证、暂扣或者吊销执照；行政拘留；法律、行政法规范规定的其他行政处罚。《环境保护法》规定了警告；罚款；责令停止生产或者使用；责令重新安排使用；责令停业、关闭五种。在《大气污染防治法》《水污染防治法》《海洋环境保护法》和《固体废物污染环境防治法》中，还规定了责令限期改正；责令停止违法行为；责令停止施工；责令限期拆除；责令停工整顿；责令非法运输危险废物船舶退出我国管辖海域；限期治理；暂扣或者吊销许可证；取消受委托资格生产、进口配额；没收；销毁未达到规定污染物排放标准的机动车船等。

根据《水法》《土地管理法》《森林法》《草原法》《渔业法》《矿产资源法》《野生动物保护法》《水土保持法》《防沙治沙法》《野生植物保护条例》等法律、法规的规定，除罚款之外，还有责令退还非法占用的土地，限期拆除非法转让的土地上新建的建筑物和其他设施，责令限期改正或者治理，责令限期开发利用，责令拆除养殖设施，责令缴纳复垦费，责令补种被盗伐、滥伐林木，责令停止开垦，责令停业治理，责令采取补救措施，责令收回非法批准、使用的土地，责令非法进入我国管辖海域从事渔业生产或者渔业资源调查的外国人、外国渔船离开或者将其驱逐等。这些处罚形式只能用在特定的自然资源保护领域，由特定的自然资源保护监督管理部门使用。

(3)环境行政处罚的程序

第一，简易程序。简易程序又称当场处罚程序，是指具备法定条件的情况下，由环境行政执法人员当场作出行政处罚的决定，并且当场执行的过程。简易程序的设置是提高行政效率的一个重要手段。根据《行政处罚法》第 33 条的规定，在环境行政处罚中适用简易程序必须同时具备以下条件：一是有证据证明环境行政违法事实存在，并证据应当充分；二是该违法行为必须是法律明确规定应予处罚的行为；三是该行政违法行为是处罚较轻的行为，如适用警告、较低数额罚款的违法行为。环境行政执法人员当场作出行政处罚决定的，应向相对人表明身份，告知相对人作出行政处罚决定的事实和依据及依法享有的权利，环境执法人员当场作出行政处罚决定的，应当填写具有预定格式、编有号码的行政处罚决定书，并依法即时执行该行政处罚决定。环境行政执法人员按照法定格式要求填写完毕处罚决定书后，应当场交付当事人，并将所作出的当场处罚基本事项向所属机关进行备案。

第二，普通程序，是环境执法主体作出处罚决定所经过的正常的基本程序。这种程序手续相对简易程序更为严格、完整，适用广泛。其主要步骤如下。

一是立案。立案是指环境行政主体对于公民、法人或者其他组织的控告检举材料和自己发现的违法行为，认为需要给予环境行政违法人行政处罚，并决定进行调查处理的活动。立案应当填写专门形式的《立案报告表》，立案后，应当指派承办人员负责案件的调查工作。

二是调查取证。调查取证是案件承办人员对于案件事实调查核实、收集证据的过程。根据《行政处罚法》的规定，环境行政主体在调查或者依法进行检查时，执法人员不得少于两人，并应向当事人或有关人员出示证件。环境执法人员与当事人有直接利害关系的，应当回避。环境执法人员应全面、客观、公正地调查、收集有关证据，并可以采取抽样取证的方法，在证据可能灭失或者以后难以取得的情况下，经行政机关负责人批准，可以先行登记保存，并在7日内及时作出处理决定。

三是审查调查结果。调查终结后，案件承办人员应提出有关事实结论和处理结论的书面意见，由环境行政主体负责人审查批准。对情节复杂或者重大违法行为给予较重的行政处罚，环境行政部门的负责人应当集体讨论决定。在决定作出之前应依法向当事人履行告知义务，并听取当事人的陈述和申辩。

四是制作行政处罚决定书。对于决定给予行政处罚的，环境行政部门必须制作符合法律规定的《行政处罚决定书》，该决定书应载明下列事项：当事人的姓名或者名称、地址；违反法律、法规或者规章的事实和证据；行政处罚的种类和依据；行政处罚的履行方式和期限；不服行政处罚决定，申请行政复议或者提起行政诉讼的期限；作出行政处罚决定的环境保护监督管理部门的名称和作出决定的日期。最后，处罚决定书必须盖有作出处罚决定的行政机关的印章。

五是处罚决定书的送达。行政处罚决定书制作后，应当在宣告后当场交付当事人；当事人不在场的，环境执法部门应当在7日内依照民事诉讼法的有关规定，根据案件具体情况以直接送达、留置送达、转交送达、委托送达、邮寄送达或公告送达等方式送达当事人。①

第三，听证程序，是一般程序中的特别程序，它是行政处罚中最严格的程序之一。《行政处罚法》设立听证程序的目的，是为了加强行政处罚活动的民主化、公开化，以保证行政处罚的公正性、合理性，以此保护公民、法人和其他组织的合法权益。根据《行政处罚法》第42条的规定，听证程序主要适用于下列几种行政处罚：第一，责令停产停业的处罚；第二，吊销许可证或执照的处罚；第三，数额较大的处罚。根据《行政处罚法》的规定，环境行政处罚中的听证活动应依照以下程序进行：听证申请与决定，听证通知，听证会组织程序（包括宣布听证会开始及宣读有关事项、调查人员发言、当事人申辩、双方辩论、当事人最后陈述、听证笔录、当事人签字、盖章）。经听证会后，环境行政部门根据听证的情况及听证笔录，作出是否对当事人予以处罚及给予何种处罚的最后决定。

第四，执行程序，是指有关国家机关保证行政处罚决定书中确定的义务得以履行的行政执法程序。环境行政处罚决定依法作出后，当事人应当在行政处罚决定的期限内予以履行。当事人如果对行政处罚决定不服申请行政复议或者提起行政诉讼的，在复议和诉讼期间，行政处罚决定不停止执行，法律另有规定的除外。当事人逾期不履行行政处罚决定的，作出行政处罚决定的环境行政主体可以采取下列措施：到期不缴纳罚款的，每日按罚款数额的3%加处罚款；根据法律规定，将查封、扣押的财物拍卖或者将冻结的存款划拨抵缴罚款；申请人民法院强制执行。

2.环境行政处分

(1)环境行政处分的概念

环境行政处分，是指国家机关、企业事业单位按照行政隶属关系，依法对在保护和改善生活环境和生态环境，防治污染和其他公害中违法失职，但又不够刑事惩罚的所属人员的一种行政惩罚措施。环境保护领域中，环境行政处分的对象有二：一是单位实施了破坏或者污染环境的行为，情节较重但又不够刑事惩罚的有关责任人员，二是环境保护监督管理部门的工作人员在执法活动中滥用职权、玩忽职守、徇私舞弊但又不够刑事惩罚的违法行为。②

(2)环境行政处分的种类

根据《环境保护法》、环境保护单行法以及《公务员法》可知，对企业职工的行政处分的形式包括：警告、记过、记大过、降级、降职、撤职和开除。警

---

① 张梓太.环境法律责任研究[M].北京：商务印书馆，2004，第182－184页.

② 陈汉光.环境法基础[M].北京：中国环境科学出版社，2004，第213－214页.

告、记过、记大过均为警戒性处分；降级指降受处分人的行政级别，具体体现在工资待遇等方面；降职是指降低受处分人原担任的行政职务，是对负有行政领导职务的受处分人的一种处分形式；撤职指撤销受处分人所担任的行政职务，其严重程度比降级、降职的处罚形式更为严厉。开除是对受处分人最严厉的处分形式，意味着受处分人被原行政机关除名。

(3)环境行政处分的程序

根据《公务员法》和实践中的做法，可将行政处分程序概括为立案、调查、申辩、报批、决定、备案六个阶段。分述如下。

一是立案。行政机关或者上级行政主管部门发现所属人员有违法违纪行为依法需要给予行政处分的，按照管理权限或者管理范围作出立案的决定。

二是调查。行政机关或者上级主管部门有关人员，本着实事求是、严肃认真的态度，对违法行为进行调查，弄清违法或违纪的时间、地点、情节、违法行为造成的后果，以至违法或者违纪的主、客观原因，受处分人违法的心理状态等基本情况。

三是申辩。调查的结论应公开告知将受到处分者，在作出处分决定之前，应当召开会议，通知当事人参加，让其提出申辩和有关证据材料。申辩可以是口头的，也可以用书面材料或者请人代为申辩。

四是报批。行政机关在充分听取当事人的申辩和审查有关调查材料、证据之后，经过集体讨论，作出给予行政处分决定的意见书。在处分决定意见书上应有受处分人签字或者署名保留意见，然后将处分决定书报上级主管部门或者本部门的审批机关审批。

五是决定。上级主管部门或者本部门的审批机关经过审查处分决定意见，认为违法或者违纪事实清楚、证据充分、处分恰当，可予批准处分决定意见书，并通知受处分人，同时告知其享有的申述权。

六是备案。依法需要备案的，报有关机关备案。

二、环境民事责任

(一)环境侵权

环境民事责任是指环境法律关系主体依照民法规定的法律责任形式所承担的法律后果。环境民事责任主要是基于环境侵权发生。环境侵权是指污染或破坏环境，从而侵害他人的人身、财产权益和环境享受等民事权益的行为。作为现代社会特有的权益侵害现象，同传统的民事侵权相比，环境侵权具有以下特征：

(1)主体方面的特征

首先是当事人地位事实上的不平等。传统侵权行为的当事人一般在地位上具有平等性，而环境侵权当事人中的加害人多是具有特殊经济地位和实力的工商企业，而受害人则多为认知能力、防御能力和诉讼能力均较弱的分散的普通公众，二者地位事实上存在很大差异。其次，环境侵权的受害主体不仅包括当代人，而且可能包括后代人，甚至当代人侵害的完全是后代人的环境权益。根据现代环境法代际公平的理论，这种侵权同样要承担侵权民事责任。

(2)客体方面的特征

传统的侵权行为，侵害的客体无外乎人身权或财产权。而环境侵权侵害的客体不仅包括人身权或财产权，还包括一类重要客体即自然人的环境权益。自然人的环境权益的确立不仅有利于保护人的权利，更是从保护自然环境和资源出发而有必要作出的慎重选择。

(3)内容方面的特征

首先，宏观上环境侵权行为具有价值双重性。传统的侵权行为，其行为本身在法律规范的价值判断上就是一种纯粹的无价值行为，即完全具有法律否定性的违法行为，如欠债不还、强占他人财物、伤害他人身体等。而环境侵权行为如排放“三废”污染环境，往往是伴随合法的生产活动而产生，而且可能在技术规范和行政管理规范上是合法的。其次，环境侵害具有持续性、潜在性及不明确性。环境污染造成的损害往往同时侵害多数人的生命、身体、健康、财产，且环境侵权除同时侵害多数人的权益外，更表现为继续性、持续性的侵害形态。此外，环境侵权的污染源众多，如大气污染、水污染、固体废物污染、环境噪声污染等等，并且环境侵权往往是以环境为介质，经过转化、代谢等一系列过程而最终导致污染结果的。因此，环境侵权行为的认定显得尤为复杂。此外，环境法权利义务内容的一些重大理论问题比一般民事权利义务内容要复杂得多，且存在许多争议，例如环境权问题等。

(二)环境民事责任的归责原则

从我国环境保护立法的规定来看，我国环境民事责任的归责原则应当是过错责任与无过错责任并立的二元化归责体系。

1.过错责任原则及其调整

过错责任原则基本含义是，加害人对其有过错的行为承担民事责任，无过错即无责任。所谓过错，与传统刑事罪过的概念相类似，指行为人具有的一种应受非难的心理状态,包括故意和过失两种形态。由于这一原则能促使个人活动不必动辄得咎,所以有利于企业的活动和经济的活跃,它被强调个人自由的资产阶级民法理论视为罗马法中最有价值的遗产加以继承和发扬,与“契约自由”“无限私有权”并列,成为19世纪资产阶级民法的三大原则,对于近代市场经济的发展起到了积极的推动作用。但是,随着社会经济的高度发展,包括环境公害在内的各种人为侵权造成的事故和灾害成为严重的社会问题,而这些侵权行为往往因加害主体复杂、因果关系不明和过错认定极其困难,而逐渐令过错责任原则黯然失色,客观过错论和过错推定论应运而生。

客观过错论指以某种行为标准而非行为人的特殊心理活动来判定行为人有无过错,这种行为标准被形象地称为“良家父”或“善良管理人”所应尽的合理注意义务,没有尽到这种义务,即为过失。所谓过错推定是指若原告能证明其所受损害是由被告所致,而被告不能证明自己没有过错,法律上就应推定被告有过错并应使其负民事责任,其基本适用方法是实行举证责任倒置。过错推定责任原则对于受害人的保护更为有利,但它仍然以过错作为确定责任的最终论据,依然不能摆脱过错责任的局限性。

2.无过错责任原则在环境法中的适用

无过错责任是环境与资源保护民事责任的基本归责原则。无过错责任,又称无过失责任,是为弥补过错责任不足而建立的一种制度。环境与资源保护法上的无过错责任原则是指因环境污染或破坏而给他人造成人身损害、财产损失和其他损失的行为人,即使主观上没有过错,也要对其行为所造成的损害承担民事责任。

无过错责任原则是社会生产力发展到一定阶段的产物,是随着近代社会高度危险作业和交通运输业的迅速发展逐步产生的。20世纪50年代以后,环境问题日益突出并直接对人类的生存和发展构成威胁,无过错责任原则是为解决工业化社会中的一系列新型侵权行为所带来的挑战和难题而设立的新型民事责任归责原则。与过错责任原则仅局限于传统自然法学公平正义标准不同的是,无过错责任原则是从整个社会利益之均衡、不同社会群体力量之强弱对比,以及寻求补偿以息事宁人的角度来体现民法公平原则的,它反映了现代社会化大生产条件下的公平正义观,也明显带有社会法学的色彩。

无过错责任原则为各国环境法所普遍采用的原因是:首先,现代工业生产的污染排放使生产活动本身非常危险。即使公司采取各种安全措施,也不能完全消除造成他人遭受污染损害的意外危险,即使企业没有过错,也可能造成环境污染等巨大的财产和人身伤害。其次，现代工业生产和由此产生的污染往往涉及复杂的科学和技术问题。由于普通公众的受害者难以了解污染的原因，因此很难获得足够的证据，很难确定排放是因为故意或疏忽。最后，无过错责任原则也是民法公平原则的客观要求。环境侵权的肇事者主要是追求利润的人。如果加害者没有过错或无法证明自己有过错，受害者将无法保护法律等同于放纵图财害命。因此，无过错责任原则很快成为当代各国环境法新的归责原则。

我国法律对环境侵权适用过错责任和无过错责任分别作出规定：关于过错责任原则，主要适用于对生态环境资源的保护，如森林资源、土地资源、野生动植物资源等，以及自然保护区、风景名胜区、城乡环境等人文环境资源的保护；而无过错责任原则主要适用于各种环境要素污染防治，如大气污染防治、水污染防治、海洋污染防治、噪声污染防治等。

（三）环境民事责任的构成要件和免责事由

1.环境民事责任的构成要件

由于我国环境民事责任应分别适用过错责任原则（主要适用于破坏环境责任）与无过错责任原则（主要适用于污染环境责任），环境民事责任的构成要件也相应地分为过错责任要件和无过错责任要件两种。对过错责任的构成要件，理论界争议不大，一般认为应包括四要件，即行为有违法性、有损害结果、违法行为与损害结果之间有因果关系、行为人有过错；至于无过错原则的构成要件，本书认为包括二要件，即构成环境损害的事实以及损害与污染环境行为之间的因果关系。与一般民事责任相比，环境民事责任的特殊性主要表现在环境损害事实和因果关系两个构成要件上。

(1)环境损害的事实

环境损害的事实即环境侵权造成的环境损害后果，根据侵权行为法补偿功能的基本要求，无损害即无救济，因而它是环境民事责任的构成要件。环境损害具体包括财产损害、人身损害和环境享受损害三种。

①财产损害。指由环境侵权造成的权利人财产损失，如污染造成的污染造成的牲畜损失，由于水源污染造成的水产养殖死亡导致的生产减少，减少污染景观造成的动产或房地产使用价值或污染景观增加的修复费用、疗养胜地将因游客减少而减少门票收入。由于国家财产的污染损害，国家也可能成为赔偿的索赔人。如果符合《海洋环境保护法》第41条的规定，海洋污染者应赔偿国家的损失。

②人身损害。指环境侵害对公民生命健康权的损害，主要是环境污染

的民事责任，如严重排放“三废”污染环境，造成受害者造成伤害、禁用、致死、引起疾病。这是最严重的环境破坏。许多国家对此采取惩罚性民事赔偿方式，反映了现代民法对公民生命权的严格法律保护。

③环境享受损害。这是对公民享有良好环境质量权利的损害。它与财产损失和人身伤害有关，但并不等同。财产损害和人身伤害的法律定义是明确的，股权损害的环境享受标准是不确定的，但这种损害是客观的，是环境侵权中最常见的。随着经济和社会文化的发展，公民在这方面的法律保护要求也在不断提高，因此法律必须合理规范。环境享受的损害通常表现在两个方面：一是阻碍他人依法享受合适的环境或正常生活，如排放恶臭气体，使周围居民难以忍受，发出强烈的噪音，使周围居民能够通常不休息；二是对环境因素造成非财产损害，降低环境因素的功能或价值，如污染或对自然风景区的破坏，使其景观减少，以减少其观赏和娱乐价值，污染健康度假村失去治疗价值，污染或破坏人文和历史遗迹，使它们的科研价值或审美价值降低或丧失。环境破坏的识别更加复杂。有些国家直接在法律中规定了环境权，受害者可以将此作为诉讼的依据。此外，在没有明确的法律规定的情况下，上述容忍理论原则也可以用作索赔权利的基础。

(2)因果关系

侵权法中的因果关系是指以非法行为为原因，对事实造成的损害，前者介于后者之间，后者则由前者引起。在环境损害引起的民事责任中，因果关系是构成要素之一，学术界没有异议。然而，环境侵权的因果关系确定比确定一般侵权损害的因果关系更加困难和复杂。由于环境污染具有流动性、交叉性的特征，有害后果的形成往往是由多种有害行为引起的，或者某种有害行为可能导致多种有害后果，即存在“一种后果的多重原因”或“再一次出现后果”的现象。同时，环境污染也具有潜在的特征。一些污染物对生物和人类健康造成的危害逐渐形成有一个漫长的过程，或某些污染物造成的危害对于生物和人类的健康存在潜在危害。论证和解释需要很长时间，有些甚至难以证明和解释，因此很难获得因果关系的直接证据。

由于环境与资源保护民事法律责任中因果关系的特殊性，目前一些国家在认定因果关系时，采用了一些特殊原则，主要有：①“因果关系推定”原则。即把因果关系的直接认定改为因果关系的“推定”。例如，日本《关于危害人体健康公害犯罪处罚法》规定，在公害案件中，废止因果关系的直接认定，采取因果关系“推定”原则。②“举证责任倒置”原则。即在环境污染案件中，本应由原告承担的举证责任，改为由被告举证，或者原告只需提出受到损害的事实的证据，如果被告否认应承担民事责任，则需要提出反证。

2.环境民事责任的免责事由

环境侵权的免责事由又称抗辩事由，是指环境法所规定的在因环境侵权致人损害时加害人可以不承担民事责任的事由。

(1)不可抗拒的自然灾害

我国《水污染防治法》第85条、《海洋环境保护法》第92条等法律中都规定不可抗拒的自然灾害为民事责任的免责事由。不过要说明的一点是，第一，不可抗拒的自然灾害与不可抗力不是同一个概念，不可抗拒的自然灾害包括的内容是特定的，不能进行胡乱的更改；第二，不可抗拒的自然灾害，即这一类自然灾害是无法预见及避免的，因此不能与可预见与可避免的自然灾害种类相混淆；第三，不可抗拒的自然灾害发生时，加害人是在作出了正确应对措施的前提下，仍然承受了自然灾害带来的损害的，才符合免责条件，假如加害人任由自然灾害发生而没有做出任何挽救措施的，最终也要承担相应的责任；第四，当不可抗拒的自然灾害是造成此次损害的唯一因素时，加害人才不必承担相应责任，若还有其他引发损害的因素，则加害人同样需要承担相应的责任。

(2)受害人的过错

我国《水污染防治法》等法律中规定，如果损害是由于受害人自身的责任所引起的，排污者不承担责任。受害人对损害的发生具有故意或重大过失，足以表明受害人的行为是损害发生的直接原因，即该损害与排污者无因果关系，则免除排污者的责任，但被告应对受害人的过错举证。

(3)第三人的过错

我国《海洋环境保护法》规定，完全是由于第三者的故意或者过失造成污染损害海洋环境的，由第三者承担赔偿责任。但被告亦应对第三人的过错举证。但是，《侵权责任法》第68条和2008年修订后的《水污染防治法》第85条第4款就第三人过错造成损害的情形，为受害人设定了求偿选择权，即受害人可以选择向加害人或第三人求偿，若受害人选择向加害的污染者求偿，则污染者不得以第三人的过错造成损害为理由拒绝赔偿，而应先行向受害人赔偿后，再向第三人行使追偿权。

(4)战争行为

我国《海洋环境保护法》第92条规定，战争行为是海洋污染造成损害的免责条件。此外，我国《民法通则》中规定的作为一般民事免责条件的正当防卫和紧急避险，也适用于环境责任制度。

至于行政合法性是否可以作为借口的原因，通常情况下，一些企业支付排污费以达到排放标准等作为逃避环境民事责任的理由。受害者救济请求,并且这些原因在某些地方得到承认。这使得环境损害的受害者无法获得法律救济,更严重的是放纵环境污染和破坏。必须纠正这种误解。行政合法性不能成为环境民事责任豁免的原因如下:第一,行政权力在法学上的行使权利行政许可应当基于保留公民合法权益的前提,并且必须公民不剥夺公民权利;第二,公民免于环境损害的权利是基于宪法规定的公民的基本权利,并受到民法第二级法律、环境法的严格保护,以及具体的行政许可制度,如因为排放标准通常受部门和地方法规的约束,其中一些是非法的"地球政策"。宪法和法律应首先根据有效性水平适用,不应使用低级法律法规来对抗高级宪法和法律。最后,如上所述,环境民事责任法律的规定并非基于非法性。这主要是针对行政合法性问题作为民事责任的豁免。这也是为了防止伪造中国环境行政标准的实施、执法不严格、本地保护和环境标准已经过时或者是不科学的现象。目前,在中国的理论界,行政合法性不能成为环境侵权民事责任豁免的共识,但这个问题在实践中还有待进一步解决。

(四)承担环境民事责任的方式

根据《民法通则》《侵权责任法》的有关规定,承担民事责任的方式有以下8种:①停止侵害;②排除妨碍;③消除危险;④返还财产;⑤恢复原状;⑥赔偿损失;⑦赔礼道歉;⑧消除影响、恢复名誉。这些民事责任承担方式同样适用于环境民事责任领域。英美法中环境污染民事责任的救济方式通常包括赔偿损失和禁止令这两种救济方式。而我国的环境污染民事责任的救济方式则包括赔偿损失、停止侵害、排除妨碍、消除危险、恢复原状等,环境污染受害人不仅可以要求污染者赔偿损失和停止侵害,还有权要求对已经发生的环境污染危害进行消除或排除。

赔偿损失是指国家强令污染环境的公民和法人,以自己的财产弥补对国家或者他人所造成的财产损失的民事责任形式。与财产损失相关的概念,环境法将其分为直接损失和间接损失、物质损害和精神损害等。

直接损失是指受环境污染危害而导致法律所保护的现有财产的减少或者丧失实际价值,也即受害人的权利客体的缩减或者灭失,也称实际损失;间接损失是指由直接损失引起和牵连的其他损失,也即在正常条件下可以得到,但因环境污染危害而未能得到的那部分合法收入,也称可得利益损失。

直接受到损害者,是指环境污染危害行为直接指向的公民、法人或者其他组织。间接受到侵害者是指环境污染危害行为非直接造成的受害者。我国现行的环境法只要求侵权人对直接受害人负赔偿责任;间接受害人的损失,如纯经济利益损失尚不能得到法律的有效救济。

物质损害与精神损害。前者是指受害人因受环境污染危害所导致的财产上的损失;精神损害是指侵害行为所造成的人格损害。最高人民法院《关于确定民事侵权精神损害赔偿责任若干问题的解释》第8条规定:"因侵权致人精神损害,造成严重后果的,人民法院除判令侵权人承担停止侵害、恢复原状、消除影响、赔礼道歉等民事责任外,可以根据受害人一方的请求判令其赔偿相应的精神损害抚慰金。"

排除妨碍是指国家强令造成或者可能造成环境污染损害者,排除可能发生的环境污染危害,或者停止已经发生并予以消除继续发生环境污染危害这样一种民事责任形式。它是赔偿损失之外的另一种主要的环境民事责任形式。

三、环境刑事责任

(一)环境刑事责任的概念

我国环境法中的刑事责任,是指个人或者单位(包括法人和其他组织)因违反环境法,严重污染或者破坏环境(含自然资源),造成或可能造成公私财产重大损失或者人身伤亡的严重后果,触犯刑法构成犯罪所应负的刑事方面的法律后果。

从上述定义可知,确定某种行为是否应负环境刑事责任,必须根据《刑法》和环境法的规定。从《刑法》第13条关于犯罪定义的规定可知,犯罪是具有危害性并依照《刑法》规定应受到刑事惩罚的行为。在环境保护领域中,社会危害性的行为就是指严重污染或者破坏环境,造成或者可能造成公私财产重大损失或者人身伤亡严重后果的行为。《刑法》还设专章对犯罪行为所应受的刑罚种类作了规定。刑罚分为主刑和附加刑。主刑是对犯罪者适用的刑罚种类,只能独立使用,即一个罪只能适用一种主刑。主刑可分为管制、拘役、有期徒刑、无期徒刑和死刑五种。附加刑又称从刑,是补充主刑的刑罚种类。附加刑也分为罚金、剥夺政治权利和没收财产三种。对于犯罪的外国人还可以适用驱逐出境的附加刑。附加刑也可独立使用。从《刑法》第338条至第346条的规定可知,对于该法规定的破坏环境资源保护罪类的刑罚种类包括管制、拘役、有期徒刑等三种主刑和罚金、没收财产两种附加刑。

(二)环境刑事责任的构成要件

一种破坏环境资源的行为是否构成犯罪,是否应当承担刑事责任,可以从积极要件和消极要件两个方面来加以认定。

1. 积极要件

所谓积极要件是指行为人的行为符合刑法分则规定的犯罪构成。根据刑法学上的犯罪构成理论，一般包括以下四个方面。

(1)危害环境罪的主体

危害环境的主体可分为自然人和非自然人。自然人作为犯罪主体，分为一般主体与特殊主体，所谓非自然人，是指法人、非法人组织，政府机构或国家。

(2)危害环境罪的主观方面

犯罪的主观方面是指犯罪主体对其所实施的危害社会行为的危害结果所持的心理态度。危害环境犯罪的主观方面的构成要件，多数国家基本上是采取故意和过失作为要件，个别国家也以无过失或称客观事实作为惩治危害环境罪的要件之一。

故意危害环境罪包括直接故意和间接故意两种。前者是指行为人明知自己的行为会造成污染或破坏环境的危害结果，希望这种危害结果发生的心理状态；后者是指行为人明知自己的行为会造成污染或破坏环境的危害结果，主观上放任这种结果发生的心理状态。实践中，这类犯罪往往与单位的生产经营相关，行为人的主观动机往往是为了经济利益，而放任破坏和污染环境的结果发生，此时行为人往往是间接故意心态。

过失危害环境罪是指行为人(包括自然人与非自然人)应该预见自己的泄漏、开发利用等行为会发生危害环境的结果，因为疏忽大意而没有预见，或者已经预见，但轻信能够避免，以致发生严重破坏和污染环境事故。一般来说，过失犯罪主要存在于自然人主体所实施的污染大气、水体、土壤等自然要素的污染环境的犯罪之中。目前，由于我国社会大众的环境保护意识普遍不强，加之环境问题的复杂性，生产经营活动对环境的不良影响和危害后果尚未被广泛而清晰地认识，环境与资源保护犯罪中虽然不乏故意实施法律明令禁止的行为的人，但大多是因为对生产经营活动所造成的环境危害没有预见或预见不足，或虽有预见但轻信能够避免所造成的。实践中，环境与资源保护犯罪大多数属于过失犯罪。

(3)危害环境罪的客体

犯罪客体，是指我国刑法所保护的，为犯罪行为所危害的社会关系。即在开发、利用、保护和改善环境资源过程中所形成的人与人之间的社会关系。自然环境只是一个媒介，若没有两个以上的人与之发生联系，便不会有社会关系，人与自然之间的关系，也很难说是一种社会关系。对人与环境的关系可以作出两个方面的基本概括：人是环境的产物；人是环境的改造者。

法律只能调整这种关系的状态、程度，而无法调整这种关系本身。

由于犯罪现象的复杂性，根据犯罪行为所直接侵犯的社会关系的简单或复杂，可以将犯罪直接客体分为简单客体与复杂客体，简单客体是指一种犯罪行为只直接侵犯到一种具体社会关系，复杂客体是指犯罪行为所直接侵犯的客体包括两种以上的具体社会关系。

(4)危害环境罪的客观方面

犯罪的客观方面，是指犯罪活动的客观外在表现，是主观犯罪心理活动的客观化，其事实特征可以归纳为危害行为、危害结果及行为与后果之间的因果关系。

2.消极要件

消极要件是指对表面上符合刑法分则某一犯罪的构成，但根据刑法总则的有关规定，依法免除或减轻刑事责任的要件。这些要件主要包括以下几种。①

(1)刑事责任年龄

《刑法》第 17 条规定，除故意杀人等几种严重刑事犯罪的刑事责任年龄起点为 14 周岁，其他犯罪的刑事责任年龄起点均为 16 周岁。据此，我国环境资源犯罪的刑事责任年龄必须是在 16 周岁以上，否则即使实施了分则中的犯罪行为，也不能追究刑事责任。

(2)刑事责任能力

根据《刑法》第 18 条的规定，精神病人在不能辨认或者不能控制自己行为的时候造成危害结果的，不负刑事责任。尚未完全丧失辨认或者控制自己行为能力的精神病人犯罪的，可以从轻或者减轻处罚。另外，《刑法》第 19 条还规定，对又聋又哑的人或者盲人犯罪的，可以从轻、减轻或者免除处罚。这些规定对环境资源犯罪同样适用。

(3)意外事件

《刑法》第 16 条规定："行为在客观上虽然造成了损害结果，但是不是由于故意或者过失，而是由于不能抗拒或者不能预见的原因所引起的，不是犯罪。"刑法理论和司法实践将该条规定称为"意外事件"，它也适用于环境资源犯罪。

(4)正当防卫和紧急避险

根据《刑法》第 20 条的规定，为了使国家、公共利益、本人或者他人的人

---

① 刘仁文.环境资源保护与环境资源犯罪[M].北京：中信出版社，2004，142—143 页.

身、财产和其他权利免受正在进行的不法侵害，而采取的制止不法侵害的行为，对不法侵害人造成损害的，属于正当防卫，不负刑事责任。正当防卫明显超过必要限度造成重大损害的，应当负刑事责任，但是应当减轻或免除处罚。根据《刑法》第 21 条的规定，为了使国家、公共利益、本人或者他人的人身、财产和其他权利免受正在发生的危险，不得已采取的紧急避险行为，造成损害的，不负刑事责任。紧急避险超过必要限度造成不应有的损害的，应当负刑事责任，但是应当减轻或免除处罚。

(5)追诉时效

《刑法》第 87 条规定，犯罪经过下列期限不再追诉：①法定最高刑不满 5 年有期徒刑的，经过 5 年；②法定最高刑为 5 年以上不满 10 年的，经过 10 年；③法定最高刑为 10 年以上有期徒刑的，经过 15 年；④法定最高刑为无期徒刑或者死刑的，经过 20 年。如果 20 年以后认为必须追诉的，须报请最高人民检察院核准。

（三）破坏环境资源保护罪概述

第八届全国人民代表大会第五次会议于 1997 年 3 月 14 日通过了对《刑法》的修订。修订后的《刑法》，在分则第六章第六节中专设“破坏环境资源保护罪”。这是我国环境保护刑事立法的重大突破，体现了国家运用最严厉的法律武器保护环境、走可持续发展道路的决心，对我国环境保护事业和环境保护法制建设起着极大的推动作用。之后，全国人大常委会分别于 2011 年 2 月 25 日、2015 年 8 月 29 日通过了《刑法修正案（八）》和《刑法修正案（九）》。

破坏环境资源保护罪是指个人或者单位违反环境法、污染或者破坏环境造成或者可能造成公私财产重大损失或者人身伤亡的严重后果，依照《刑法》应受到刑事惩罚的行为。破坏环境资源保护罪也可以理解为违反环境法规，严重污染环境，破坏土地、矿产、林木、水源、野生珍贵动植物等环境资源的行为。我国《刑法》规定了十六种环境与资源保护犯罪的罪名。其中第六章第六节“破坏环境资源保护罪”规定了十四种罪名，第九章“渎职罪”规定了“违法发放林木采伐许可证罪”和“环境监管失职罪”两种罪名。

第六章　环境污染防治法研究

习近平总书记在党的十九大报告中指出，“建设生态文明是中华民族永续发展的千年大计”，要“实行最严格的生态环境保护制度”，“构建政府为主导、企业为主体、社会组织和公众共同参与的环境治理体系。积极参与全球环境治理，落实减排承诺”。加强对环境污染防治法的研究，是推动我国生态文明建设的重要基础。

第一节　环境污染防治法立法问题

一、环境污染防治

人们开发和利用环境与自然资源可能造成环境污染，在建设、工农业生产以及日常生活活动中也可能造成污染物排放。因此，从理论上讲，直接而有效的防治方法是对污染源进行管理，从而将所排放污染物的量和质控制在环境的纳污能力或者自净能力之内。但是，在现实生活中，社会和经济等各项事业在不断发展，受此影响，仅仅依靠直接的污染源控制和点源治理的方法尚不能够完全满足环境污染防治的需要，因为这种方法并不能够解决污染物总量不断增加的问题。因此，间接地运用经济学的方法、结合对环境与自然资源的开发和利用活动以及工业生产等全过程，由污染者进行自我管理、由国家进行干预和管理，通过对开发和利用或者生产行为进行合理规划布局以及实施科技进步和技术改造等措施，从而提高自然资源或能源的利用效率，实现清洁生产、减少污染物排放，也是防治环境污染的有效方法。

（一）环境污染的防治和控制

在污染防治方法论上，基于环境污染的类型，主要有对环境要素的污染防治以及针对污染源或污染因子的防治或者控制两种。前者如对大气、海洋、水等环境要素的污染防治，后者如关于噪声、固体废物、放射性、危险物质等污染源或者污染因子的防治或者控制。然而，环境要素的划分难以穷尽且各环境要素之间存在着相互联系、相互影响和相互制约的关系，而且污染源和污染因子在不断发展变化。因此，无论哪种方法论，都难以独自解决环境污染问题。这就是两种方法论在国际和国内层次都并用或者并存的原因。需要注意的是，对污染源或污染因子应该从比较宽泛的范围上进行理解。这是因为，许多可能造成环境污染原因的物质或者能量（例如有毒、有害物质以及放射性物质等）在正常情况下的使用并不一定会造成环境污染，只有当对这些物质或者能量的使用不当或者管理不善从而导致其泄漏或者逸失时，才会造成环境污染。这样，防治环境污染不仅仅要控制正常向环境排放的废弃物质或者能量，还要控制和加强对环境有毒或者有害的非废弃物质或者能量的管理和使用。

（二）污染防治的具体方法

一般来说，有关防治环境污染的方法分为技术的、经济的、行政的以及法律的方法等。法律的实施有国家法律的强制力予以保障，如果某一技术的、经济的、行政的方法或者手段通过法律的形式予以确定并且规范地展现在人们面前，那么，它就转化成为法律手段。也就是说，法律手段同其他手段之间并不是严格的逻辑并列关系。而且，其他各种手段所具有的或者所需要的制裁或者补救、补偿、赔偿等措施，可以通过立法而事先加以明确。因此，法律的方法在环境污染的预防、治理和救济等各个过程和环节中都起着重要的指引、预测、评价、警示、教育和管理等作用。

（三）环境污染防治的行政手段

从预防的角度来看，环境保护行政是国家进行环境污染防治以及环境管理的主要手段。为了防治环境污染，国家必须确立环境污染防治行政所追求的基本目标和要求。在我国，环境污染防治的行政目标主要由环保主管部门通过制定环境保护规划和计划以及实施环境污染防治活动的基本法律制度来实现。理论上，环境污染防治行政的基本目标及其确立和实施过程主要包括下列三个方面。

首先，在实施环境污染防治行政之前，环境保护部应该根据法律规定的程序和方法，制定国家环境标准。

其次，为了实现国家环境标准的要求，国家应该制订环境保护规划，并且针对各种污染物和有害物质的排放等制定国家污染物排放标准，从而规范向环境排放污染物的行为。

最后，确立一系列的环境污染防治行政法律制度，从而促成国家环境保护目标的实现。主要制度有环境影响评价制度、“三同时”制度、排污许可制度、排污收费制度、限期治理制度等。

通过一系列环境污染防治的管理,最终的目标就是要使污染物以及有害物质的排放达到国家环境标准所规定的要求,从而实现保护和改善环境的目的。

环境污染防治与科学技术有紧密联系,环境污染防治行政同其他行政在行政管理权力方面存在着某些交叉和重叠。为了预防人类行为对环境的危害,环境行政决策还具有科学的不确定性以及动态调整利益分配关系等特征。因此,相对于其他行政而言,环境污染防治行政具有强烈的计划性、指导性和依赖市场方法的特性,并且更具有积极的预防性。

二、环境污染防治法

环境污染防治法是一种针对环境污染的预防和治理制定的法律规范的总称,具体来说,环境污染防治法是指为了预防和治理环境污染,保护生活环境和生态环境,进而保护人体健康和财产安全,国家、政府间、国际组织单独地或者共同地对产生或者可能产生环境污染的原因活动,包括但不限于各种对环境不利的人为活动,实施管理或者控制而制定的法律规范的总称。不难理解的是,环境污染防治法不是指一部单独的法律,而是环境与资源保护法体系内有关环境污染防治的同一类法律规范的全部。

"污染防治"并不能概括所有可能造成环境污染的物质或行为,而且目前许多国家的环境管理方法也在发生改变(如从末端治理转变为全过程管理),因此有关环境污染防治法的立法也在不断扩大。仅依靠控制环境污染物质(因子)来进行环境污染防治法的立法已经不能适应新形势发展的需要。

从体系的层面来说,环境污染防治立法活动是基于污染防治的方法论而进行的,所以,环境污染防治法体系也同污染防治的方法论密切相关。以环境要素污染防治为主线进行污染防治立法的优点在于,可以将所有与该环境要素有关的污染防治法律规范纳入该环境要素污染防治法,从而便于在科学研究上对该类污染防治法律进行整理,而不问具体的法律措施如何。例如,可以将与水污染防治相关的法律规范全部归纳在有关水污染防治法的范围之内。这种方法的缺陷在于,当一个国家针对某一类环境要素的保护制定有多部不同目的的法律时,就容易因为学理上的论述而混淆各法之间所确定的不同的权利义务关系。

我们应该将污染源或者污染因子防治作为环境污染防治立法的主线,因为这样可以更好地管理或者控制重要污染源或者污染因子。考察工业发达国家的环境污染防治立法，其主要是从控制污染物和对有关生产工艺流程、可能造成环境污染的原因物质或者能量的管理两方面来进行。但是，其缺陷在于不能很好地考虑生态环境特别是生态系统的统一性和整体性。

因此，综合考虑两个主线进行污染防治立法的优点和缺点，在绝大多数国家以及在国际层次上，形成了以环境要素污染防治以及以污染源或者污染因子防治两条主线同时展开的纵横交错的、网络状的环境污染防治法体系。

三、我国的环境污染防治法

我国于1979年制定《环境保护法(试行)》，自此以后我国在环境立法方面快速发展，环境污染防治立法在这一趋势下得到了迅速发展。目前，我国现行的有关环境污染防治的专门法律有《固体废物污染环境防治法》(1995年)、《环境噪声污染防治法》(1996年)、《海洋环境保护法》(1999年修订)、《大气污染防治法》(2015年修订)、《放射性污染防治法》(2003年)和《水污染防治法》(2008年修订)共六部。除这些专门法律外，国务院制定了大量综合性或者单行环境污染防治的行政法规，国务院有关工作部门单独或者共同制定或者批准了一些环境污染防治的部门规章或者环境标准，各地方还根据本地方的特点制定或者批准了许多地方性环境污染防治的法规、规章或者地方性环境标准。可以说，目前，我国的环境污染防治法体系已经基本形成，而且处于进一步的健全和完善过程之中。

具体来说，我国在环境污染防治方面的法律主要包括7个方面，即大气污染防治、水污染防治、海洋污染防治、环境噪声污染防治、固体废物污染环境防治、放射性污染防治以及其他危险物质污染防治，由有关这些方面的各种法律、行政法规、部门规章以及地方性法规或规章所组成。

第二节　环境要素污染防治法律问题研究

一、大气污染防治法

(一)大气污染防治立法

大气污染一直是对人类社会造成较大威胁的环境污染，并且大气污染问题也是比较难以解决的一个环境污染问题。我国关于防治大气污染的法规，最早为国务院1956年5月25日颁布的《关于防止厂、矿企业中矽尘危害的决定》，该决定主要是为了保护厂矿企业的空气，消除矽尘对职工的危害。20世纪70年代，大气污染防治以改造锅炉和消烟除尘为主要内容。1973年，国家计委发出《关于加强防止矽尘和有毒物质危害工作的通知》，制定了《防止企业中矽尘和有毒物质的规划》。1973年，国家计委、国家建委、卫生部联合发布了《工业"三废"排放试行标准》，该项标准由中国第一次环境保护会议筹备小组办公室主持制订。我国1979年颁布的《环境保护法(试行)》中首次以法律的形式对大气污染防治作出了原则性的规定。

1987年9月5日全国人大常委会制定了《大气污染防治法》，并于1988年6月1日起正式施行，制定并实施该部法律的目的是加强大气环境管理，防止大气污染。根据我国大气污染的状况和对大气污染治理认识的深入，全国人大常委会先后于1995年、2000年和2015年对该法进行了修改。1987年的条文为41条，经过一次修正(1995年)，两次修改(2000年、2015年)，2000年时增至66条，2015年增至129条。2015年8月29日修订通过的《大气污染防治法》(2016年1月1日施行)是我国目前防治大气污染的基础性法律，其对大气污染防治的监督管理、大气污染防治标准和限期达标规划、大气污染防治措施、重点区域大气污染联合防治、重污染天气应对、法律责任等都作了较为具体的规定。

(二)我国大气污染防治的主要法律规定

2015年，我国对《大气污染防治法》进行了修订，为了更好地解决目前比较突出的大气污染问题，这次修订对于我国的大气污染防治具有重要意义和作用。大气环境保护事关公民健康环境权，事关经济社会可持续发展，事关美丽中国和中国梦。当前，我国大气污染形势严峻，以可吸入颗粒物(PM10)、细颗粒物(PM2.5)为特征污染物的区域性大气环境问题日益突出，损害公众身体健康，影响社会和谐稳定。为切实改善空气质量，国务院于2013年9月10日发布了《大气污染防治行动计划》(简称"大气十条")。修订后的《大气污染防治法》除了响应"大气十条"的要求，主要在以下几个方面作出了新的规定。

1.重典处罚、不设上限

经过修订的《大气污染防治法》在行政处罚力度上有所提升。针对违法企事业单位，新修订的《大气污染防治法》制定了大量具体的、有针对性的措施，并配以相应的处罚。具体的处罚行为和种类接近90种，提高了法律的可操作性和针对性。

修订后的《大气污染防治法》取消了以往法律中对造成大气污染事故企业事业单位罚款“最高不超过50万元”的封顶限额，同时增加了“按日计罚”的规定。2015年的《大气污染防治法》第122条规定：“违反本法规定，造成大气污染事故的，由县级以上人民政府环境保护主管部门依照本条第二款的规定处以罚款；对直接负责的主管人员和其他直接责任人员可以处上一年度从本企业事业单位取得收入百分之五十以下的罚款。对造成一般或者较大大气污染事故的，按照污染事故造成直接损失的一倍以上三倍以下计算罚款；对造成重大或者特大大气污染事故的，按照污染事故造成的直接损失的三倍以上五倍以下计算罚款。”

2. 控车减煤、源头治理

造成我国大气污染的两个主要原因就是大量的机动车尾气污染以及大量的燃煤污染。在过去较长一段时间以来，我国的机动车尾气污染治理效果不佳，煤炭消费居高不下，污染治理困局难解。2015年修订的《大气污染防治法》在控车减煤，特别是提高油品和燃煤治理方面取得了进展。

在提高燃油质量标准方面，2015年修订的《大气污染防治法》规定，制订燃油质量标准，应当符合国家大气污染物控制要求，同时，石油炼制企业应当按照燃油质量标准生产燃油。

修订后的《大气污染防治法》规定，为了有效缓解燃煤引起的大气污染，提出国务院有关部门和地方各级人民政府应当采取措施，推广清洁能源的生产和使用，逐步降低煤炭在一次能源消费中的比重，同时要求地方各级人民政府加强民用散煤的管理，禁止销售不符合民用散煤质量标准的煤炭。

3. 总量控制、强化责任

污染物总量减排，是环境质量改善的前提和重要手段。但根据2000年修订的《大气污染防治法》，我国实行总量控制的“两控区”——酸雨控制区和二氧化硫控制区，仅占全国国土面积的11.4%，不能适应全国总量减排的现实需要。

2015年修订的《大气污染防治法》中，第19条明确规定：“排放工业废气或者本法第78条规定名录中所列有毒有害大气污染物的企业事业单位、集中供热设施的燃煤热源生产运营单位以及其他依法实行排污许可管理的单位，应当取得排污许可证。”第21条规定：“国家对重点大气污染物排放实行总量控制。重点大气污染物排放总量控制目标，由国务院环境保护主管部门在征求国务院有关部门和各省、自治区、直辖市人民政府意见后，会同国务院经济综合主管部门报国务院批准并下达实施。省、自治区、直辖市人民政府应当按照国务院下达的总量控制目标，控制或者削减本行政区域的重点大气污染物排放总量……国家逐步推行重点大气污染物排污权交易。”第22条规定：“对超过国家重点大气污染物排放总量控制指标或者未完成国家下达的大气环境质量改善目标的地区，省级以上人民政府环境保护主管部门应当会同有关部门约谈该地区人民政府的主要负责人，并暂停审批该地区新增重点大气污染物排放总量的建设项目环境影响评价文件。约谈情况应当向社会公开。”

从以上具体法律条款可以看出，修订后的《大气污染防治法》将原有的排放总量控制和排污许可由“两控区”扩展到全国，明确分配总量指标，对超总量和未完成达标任务的地区实行区域限批，并约谈主要负责人。

不论是政府还是企业都应该严格遵守法律法规，这并不是可以选择的行为，而是对企业和政府的底线要求。2015年修订的《大气污染防治法》则从法律角度再次明确了大气污染防治工作是“各级政府、各个部门共同面临的责任”。尽管在2000年的《大气污染防治法》中，就有各级人民政府对辖区环境质量负责的规定，但要求空气质量限期达标并持续改善的新规定充分体现了2015年《大气污染防治法》的立法目标，即以空气质量达标为核心，以保护公众的健康为目的。为实现该目标，2015年修订的《大气污染防治法》确立了目标责任制、约谈制和考核评价制度。三大制度齐下，督促地方政府为当地的空气质量负责，并要求将考核结果向社会公开。

4.信息公开、奖励举报

加强污染防范，必须大力推行环境信息公开。新修订的《大气污染防治法》在2000年修订的《环境保护法》基础上，更加强调信息公开和公众参与，共有22处要求信息公开和公布，不但要求公开政府考核结果，而且明确要求制订大气环境质量标准和排放标准应当征求公众意见，标准要公布，供公众免费查阅、下载。

在修订《大气污染防治法》时，制定了专门的条款保障公民参与和监督大气环境保护的权利，第31条规定：“环境保护主管部门和其他负有大气环境保护监督管理职责的部门应当公布举报电话、电子邮箱等，方便公众举报。环境保护主管部门和其他负有大气环境保护监督管理职责的部门接到举报的，应当及时处理并对举报人的相关信息予以保密；对实名举报的，应当反馈处理结果等情况，查证属实的，处理结果依法向社会公开，并对举报人给予奖励。”

众所周知，大气污染问题是全世界关注的环境问题，是环境保护的一个重要内容。修订后的《大气污染防治法》应成为“史上最严”《环境保护法》的细化和深化，也应当成为《环境保护法》在大气污染防治领域内的全面突破。这两部法律应相互统一，相互衔接，进行更紧密的融合，形成大气污染防治的合力。

二、水污染防治法

（一）水污染防治法的产生和发展

水污染是指水体因某种物质的介入，而导致其化学、物理、生物或者放射性等方面特征的改变，从而影响水的有效利用，危害人体健康或者破坏生态环境，造成水质恶化的现象。

根据污染物的性质，可以将水污染划分为 9 类，包括病原体污染、悬浮物污染、沉积物污染、需氧物质污染、植物营养物质污染、石油污染、酸碱盐污染、有毒化学物质污染、放射性污染。水污染的危害主要表现为以下几种。

第一，水污染对工农业生产的影响。工农业生产不仅需要有足够的水量，而且对水质有一定的要求。否则，对工农业会造成很大的损失：一是使工业设备受到破坏，严重影响产品质量；二是使土壤的化学成分改变，肥力下降，导致农作物减产和严重污染；三是使城市增加生活用水和工业用水的污水处理费用。

第二，水污染对水生生物的危害。当人类向水中排放污染物时，一些有益的水生生物会中毒死亡，而一些耐污的水生生物会加剧繁殖，大量消耗溶解在水中的氧气，使有益的水生生物因缺氧被迫迁往他处，或者死亡，破坏生态平衡。而那些有毒元素，既难溶于水又易在生物体内累积，对人类造成极大的伤害。

第三，水污染对人体的危害。人体在新陈代谢的过程中，随着饮水和食物，把水中的各种元素通过消化道进入人体的各个部分。当水中缺乏某些或某种人体生命过程所必需的元素时，都会影响人体健康。当水中含有有害物质时，对人体的危害更大。

中国卫生部门从 20 世纪 50 年代起，就开始开展各类水污染防治工作。但是，其工作的重点只存在于饮用水卫生监督管理方面。如 1955 年的《自来水水质暂行标准》、1959 年的《生活饮用水卫生规程》。

1979 年 9 月，中国颁布的《环境保护法（试行）》首次以法律的形式对水污染的防治作出了原则性的规定，国家还制定并颁布了一系列水环境标准，如《地面水环境质量标准》《农田灌溉水质标准》《渔业水质标准》《污水综合排放标准》等。1984 年通过了《水污染防治法》，对防治地表水污染作出了系统的规定。1989 年国务院批准实施了《水污染防治法实施细则》。此外，中国还制定了《关于防治水污染技术政策的规定》《水污染物排放许可证管理暂行办法》《污水处理设施环境保护监督管理办法》《关于防治造纸行业水污染的规定》《饮用水源保护区污染防治管理规定》等行政法规或规章；在《水法》中，对合理开发利用水资源和防治水环境污染作出了规定。

中国淮河流域的水污染问题在进入 20 世纪 90 年代以后不断加剧，为了更有效地处理水污染问题，1995 年国务院首次以行政法规的形式制定了《淮河流域水污染防治条例》。1996 年第八届全国人民代表大会常务委员会第十九次会议对《中华人民共和国水污染防治法》作出重大修改。2008 年 2 月 28 日第十届全国人民代表大会常务委员会第三十二次会议通过了再次修订的《中华人民共和国水污染防治法》(以下简称《水污染防治法》)，该法于 2008 年 6 月 1 日起实施。2015 年 4 月，为切实加大水污染防治力度，保障国家水安全，国务院制定《水污染防治行动计划》。

(二)淡水资源利用和保护的国际法律

水是生命之源，只有保证充足的安全淡水资源才能保证地球上的生物可以维持生命。地球表面 2/3 被水覆盖，其中咸水占 97.47%，淡水则仅占 2.53%，可以利用的淡水则更少。目前世界上很多国家和地区都面临着水资源严重短缺的形势，基本用水短缺、用水卫生设施短缺等都是普遍存在的问题，还有很多人死于水污染引起的各种疾病。预计到 2025 年，世界上将会超过 30 亿人面临缺水，超过 40 个国家和地区面临淡水严重不足的情况。国际社会对淡水资源的保护从单一利用到全方位保护、从保护河流到保护整个水系的发展过程，从制定和实施相对简单和直接的防止重大跨界污染的措施发到建立广泛的保护共享资源的法律制度。

据统计，全世界大约有 40%的人口生活在约 250 条河流流域上，其中有 214 条河流属于国际性河流、湖泊。在这些国际性水体中，有 155 条为 3 个或 3 个以上的国家共享的水体。因为国际水体具有一定的特殊性，所以跨国水资源立法是国际环境法中较早发展的一个分支领域。早期制定的各种国际水道法律主要用于处理边界、航运及渔业问题；随着该领域国际立法的逐渐发展，该领域的协定开始集中于国际水道的水分配、控制污染、控制洪水和综合水资源管理的多目标利用。自 19 世纪末以来，已经形成或签订了超过 300 个关于国际河流利用的国际条约或惯例，这些条约或惯例涉及 200 多条国际河流。近年来，水灾害、水污染、水资源短缺等问题日益严峻，生态环境保护的问题也开始受到各方重视，为了适应国际河流的多样性和满足世界各国的多种需要，便制定了一系列具有普遍指导意义和广泛应用价值的、纲领性国际条约或公约，有利于各国将其作为依据进行合理的国际河流开发利用，各河流当事国还可以将其作为一般性原则进一步制定更为详细的开发利用条约或协定。经过较长一段时间的发展，这些条约已经形成一个相对完整的国际水法体系，该体系将普遍性多边公约作为指导原则，有大量区域或双边多边协定作为其主体。

在国际水体的开发利用和管理方面，经常会引用《国际河流利用规则》，该规则并不具有法律约束力但却具有重要作用和意义。该规则是首次对当时已有的相关国际法规则进行了编纂的规则，同时其对国际河流的利用具有重要的指导作用。该规则承认国际河流流域的每一个国家都有公平合理地利用相关流域内水资源的权利，同时要求相关各国应该采取合理的措施利用水资源，不可以对流域内的水资源造成新的污染或者加重已经形成的污染，避免污染对流域内的其他国家造成严重的境内损害。

1997 年联合国大会通过了《非航行利用国际水道法公约》，该公约是国际淡水资源保护领域中最重要的多边条约，该公约的目标是对国际水道进行利用、开发、养护、管理和保护，为了保证当代人和后代人的需求促进国际水道的最佳和可持续的利用。该公约有以下几项主要内容。第一，该条约为所有的缔约国制定了一项一般义务，这是指在遵循风险预防原则、污染者负担原则以及代际公平原则的基础上，通过采取一切适当的措施有效地预防、控制和减少任何跨界影响。一般义务主要包括以下四个方面：对产生或可能产生跨界影响的水污染进行科学合理的预防、控制和减少；在利用跨界水体时必须保证生态完善，要重视对水资源合理管理、水资源和环境保护；保证合理平等地利用跨界水体；保护生态系统，并在必要时帮助恢复生态系统。第二，各缔约国应该按照实际情况制定、实施和提出具有广泛适用性的法律、行政、经济、财政和技术措施，以此实现预防、控制和减少跨界水体的污染的目标。第三，明确规定了国际河流的国际合作原则。

（三）我国水污染防治法的法律规定

《水污染防治法》适用于中华人民共和国领域内的江河、湖泊、运河、渠道、水库等地表水体以及地下水体的污染防治，不适用海洋污染防治。

1. 水环境标准和水污染防治规划制度

(1)水环境标准制度

为了科学治理水污染，必须制定科学的水环境标准，这主要包括水环境质量标准和水污染物排放标准，只有以此为基础才能切实有效地控制水污染，保护水环境。国家水环境质量标准由国务院环境保护部门制定，省、自治区、直辖市人民政府可以对国家水环境质量标准中未作规定的项目，制定地方标准，并报国务院环境保护部门备案。

国务院环境保护部门根据国家水环境质量标准和国家经济、技术条件制定国家水污染物排放标准，省、自治区、直辖市人民政府对执行国家水污染物排放标准不能保证达到水环境质量标准的水体，可以制定严于国家水污染物排放标准的项目，可以制定地方水污染物排放标准。地方水污染物排放标准须报国务院环境保护部门备案。

国务院环境保护主管部门会同国务院水行政主管部门和有关省、自治区、直辖市人民政府，可以根据国家确定的重要江河、湖泊流域水体的使用功能以及有关地区的经济、技术条件，确定该重要江河、湖泊流域的省界水体适用的水环境质量标准，报国务院批准后施行。

国务院环境保护主管部门和省、自治区、直辖市人民政府，应当根据水污染防治的要求和国家或者地方的经济、技术条件，适时修订水环境质量标准和水污染物排放标准。

(2)水污染防治规划制度

科学防治水污染的前提是对水污染防治进行科学、统一规划，一般来说应该按照流域或区域进行规划。国家确定的重要江河、湖泊的流域水污染防治规划，由国务院环境保护主管部门会同国务院经济综合宏观调控、水行政等部门和有关省、自治区、直辖市人民政府编制，报国务院批准。

有关省、自治区、直辖市人民政府环境保护主管部门会同同级水行政等部门和有关市、县人民政府，根据国家确定的重要江河、湖泊的流域水污染防治规划和本地实际情况，编制其他跨省、自治区、直辖市江河、湖泊的流域水污染防治规划，并经有关省、自治区、直辖市人民政府审核，报国务院批准。

省、自治区、直辖市内跨县江河、湖泊的流域水污染防治规划，根据国家确定的重要江河、湖泊的流域水污染防治规划和本地实际情况，由省、自治区、直辖市人民政府环境保护主管部门会同同级水行政等部门编制，报省、自治区、直辖市人民政府批准，并报国务院备案。

我国相关部门按照经批准的水污染防治规划开展水污染防治的相关工作，需要注意的是，规划的修订须经原批准机关批准。县级以上地方人民政府应当根据依法批准的江河、湖泊的流域水污染防治规划，组织制定本行政区域的水污染防治规划。

国务院有关部门和县级以上地方人民政府开发、利用和调节、调度水资源时，应当统筹兼顾，维持江河的合理流量和湖泊、水库以及地下水体的合理水位，维护水体的生态功能。

2.水污染防治的监督管理制度

针对水污染，需要实行水环境影响评价、“三同时”、污染物申报、排污许可制、水污染监测制度、现场检查制度；省、自治区、直辖市人民政府应当按照国务院的规定削减和控制本行政区域的重点水污染物排放总量，并将重点水污染物排放总量控制指标分解落实到市、县人民政府。市、县人民政府根据本行政区域重点水污染物排放总量控制指标的要求，将重点水污染物排放总量控制指标分解落实到排污单位。省、自治区、直辖市人民政府可以根据本行政区域水环境质量状况和水污染防治工作的需要，确定本行政区域实施总量削减和控制的重点水污染物。

如果出现跨行政区域的水污染纠纷，那么应该由有关地方人民政府协商解决，或者由其共同的上级人民政府协调解决。

3.防止地下水污染的禁止或限制性规定

禁止企业事业单位利用渗井、渗坑、裂隙和溶洞排放、倾倒含有毒污染物的废水、含病原体的污水和其他废弃物。在无良好隔渗地层，禁止企业事业单位使用无防止渗漏措施的沟渠、坑塘等输送或者贮存含有毒污染物的废水、含病原体的污水和其他废弃物。在开采多层地下水的时候，如果各含水层的水质差异大，应当分层开采；对已受污染的潜水和承压水，不得混合开采。兴建地下工程设施或者进行地下勘探、采矿等活动，应当采取防护性措施，防止地下水污染。人工回灌补给地下水，不得恶化地下水质。

4.水污染事故处置

为了避免水污染事故造成严重危害，企业事业单位应该制定科学有效的应急方案，这样才可以在发生事故后做出及时响应，企业事业单位必须做好前期准备，并且为了应急方案的顺利推进必须进行定期演练。那些生产、储存危险化学品的企业事业单位，在发生安全生产事故时可能会因为废水、废液排入水体造成严重污染危害，这就要求相应单位必须制定并采取可靠的污染防范措施。对于那些发生事故或者其他突发性事件，造成或者可能造成水污染事故的企业事业单位，必须立即启动之前制定的应急方案，即使对事故采取应急措施，同时还要第一时间向事故发生地的县级以上地方人民政府或者环境保护主管部门报告。当环境保护主管部门接到企业事业单位的事故报告后，应该及时将实际情况上报本级人民政府报告，同时还要将报告抄送有关部门。

如果企业事业单位发生渔业污染事故或者渔业船舶造成水污染事故，需要及时将实际情况上报给事故发生地的渔业主管部门，并且积极配合相关部门的调查，接受合理合法处理。如果发生其他船舶造成的水污染事故，需要及时将实际情况上报于事故发生地的海事管理机构，并积极配合调查，接受合理合法的处理；一旦发生事故对渔业造成损害的情况，海事管理机构应该通知渔业主管部门，要在良好配合下展开调查，进行处理。

三、海洋污染防治法

（一）海洋环境保护的国际借鉴

国际海洋环境资源法是指调整因为开发、利用海洋环境资源、防治各种海洋环境污染及海洋生态破坏、保护和改善海洋环境资源而产生的国际关系的各种法律渊源的总称。随着人们对海洋环境问题的日益重视，从第二次世界大战以来便在全球范围内签订了很多关于海洋、海洋环境资源等方面的各种条约、协定，这些条约、协定可以更好地保护海洋资源和生态系统。各种条约、协定涉及的范围较广，如控制海洋倾倒、控制陆源污染、控制船舶污染、应对和处理海洋污染事故、保护各种海洋资源、保护海洋生态系统等方面都有所涉及。

1.《联合国海洋法公约》

1982 年 12 月 10 日，在蒙特哥湾签订了《联合国海洋法公约》，该公约于 1994 年 11 月 16 日正式生效。在联合国主持下举行了从 1973 年开始的联合国第三次海洋法会议，历经 11 期，耗费 9 年的时间，终于在 1982 年 12 月 9 日通过了《联合国海洋法公约》，该公约在国际社会上具有广泛而深远的意义。该公约是国际公约，是针对保护海洋环境资源活动、加强对公共海域的国际法调整方面的公约，这是全球共同努力下诞生的全面、系统的国际海洋法律制度文件，在国际海洋领域是具有极强权威性的海洋行为规则，同时它也是针对国际海洋环境制定的一部“国际海洋环境资源保护的宪法”。

该公约希望在充分考虑世界上所有国家主权的背景下，针对海洋建立一种法律秩序，通过这一法律秩序使国际交通更为便利，促使海洋可以由各国和平使用，使海洋资源可以被各国公平而有效地利用，促进对海洋生物资源以及海洋环境的有效保护。该公约中专门有一份内容是海洋环境的保护和保全，在该节内对国际海洋保护做出了一定规定，这些原则性规定对控制海洋环境污染、保护海洋环境的国际立法具有重要意义。该公约中规定,世界各国都有义务保护和保全海洋环境,各国应该针对海洋保护采取一定必要措施,对其开展的相关活动进行管理和控制,确保这些活动不会对其他国家及其环境造成污染,并确保在其管辖或控制范围内的事件或活动造成的污染不致扩大到其按照本公约行使主权权利的区域之外。此外,该公约还针对造成海洋污染的不同污染源作出了相应的控制措施的规定。

2.海洋生物资源的养护

20 世纪 50 年代开始,国际社会开始强调和重视对海洋生物资源的养护,1982 年通过的《联合国海洋法公约》从真正意义上为海洋生物资源养护带来了革命性的前进。

该公约对海洋按照不同区域进行了划分,并以此为基础规定每个国家的权利和责任。在领海区域内,沿海国家对相应的区域享有绝对的主权权利,但与之相应的它们也要承担相应区域内海洋生物资源的养护责任。在专属经济区,沿海国家对相应区域的自然资源享有主权权利,同时也需要对该区域内地生物资源的养护和管理承担责任,其他国家对该区域内的海洋生物不再享有自由捕捞权。因为这样的规定,该公约要求沿海国必须按照实际情况确立在专属经济区内有关生物资源的可捕捞总量。在确定数量时,必须保证其科学性,所以这就要求沿海国必须充分考虑各种不同因素,其中有一点很重要,就是需要保证对该资源实现可持续性养护的需要。在公海上,该公约规定各国享有自由捕捞海洋生物的权利,但根据各国加入的各种国际条约的相关规定对其权利的行使有一定限制,尤其是在养护责任方面的限制。除了以上规定外,该公约对共有渔业资源的养护也有一些具有针对性的特别规定。共有渔业资源指那些穿越专属经济区和公海的渔业资源。该公约规定,沿海国和捕捞国应该协调对共有渔业资源养护和发展的协调,并为了实现该目标采取一定措施。

保护海洋的国际公约不只有《联合国海洋法公约》。除此以外还有很多该方面的国际公约,如《海洋捕鱼合作协定》《国际捕鲸管制公约》《联合国海洋法公约》《公海生物资源捕捞与养护公约》《跨界鱼类种群和高度洄游鱼类种群的养护与管理协定》等。还有一些区域性公约,如《南太平洋自然养护公约》《保护大西洋金枪鱼国际公约》《捕捞及养护波罗的海及其海峡生物资源公约》《养护北大西洋鲑鱼公约》《养护北极熊协定》《禁止在南太平洋长拖网捕鱼公约》《养护野生动物迁徙物种公约》《合作保护和开发西非和中非区域海洋和沿海环境公约》等。除此以外还有数量众多的保护海洋生物的双边条约,目前绝大多数沿海国家都会和其他国家签订一些于海洋生物资源利用与保护相关的协定。

3.陆源污染的防治

陆地来源的污染是指来自陆地通过各种方式进入海洋造成的污染，主要指生活垃圾、工业废物和农业用的化学物质经过沟渠、河川、管线等途径汇入海洋从而造成的污染，这类污染是最为普遍的海洋污染，占全部海洋污染的3/4。《联合国海洋法公约》针对陆源污染作出了一系列的规定，明确各国在该领域的义务。第一，加强各国的国内海洋环境立法。各国应该按照实际情况制定有关的法律和规章，以此对陆源污染进行防止、减少和控制，其中包括河流、河口湾、管道和排水口等对海洋环境造成的污染。第二，各国应该尽量采取其他可能、必要的防治措施，以此更好地对陆源污染进行有效防止、减少和控制陆源污染。第三，各国应该针对适当的区域通过政策方面的适当协调、调整，配合陆源污染防治工作的开展。第四，各国应该通过该领域的主管国际组织或外交会议采取适当的污染防治行动，制定各种全球性和区域性规则、标准，提出各种建议的办法及程序，同时还需要考虑不同区域的实际情况，以及发展中国家的经济能力以及其经济和其他方面的发展需要。

国际上关于陆源污染防治的具体法律规则，主要是通过相关的区域性条约体现的。例如，《保护东北大西洋海洋环境公约》《保护波罗的海区域海洋环境公约》《保护南太平洋自然资源和环境公约》等。

4.船舶污染的防治

随着社会进步，海上运输发展迅猛，这也导致了日益严重的船舶海洋污染。1954年制定的《国际防止海上油污染公约》是第一个针对该类型污染所制定的国际环境条约，该条约对船舶排放废油和其他油性混合物的问题做出了规定。海洋油污会引起一系列问题，有时会涉及民事赔偿，为了解决这一问题在1969年制定了《国际油污损害民事责任公约》。该条约规定，如果出现油污事故，对油船所有者采取无过失责任，船舶所有人需要对造成的油污损害承担相应的有限责任，并在条约中规定了最高赔偿总额。同年还通过了《对公海上发生油污事故进行干预的国际公约》，该公约也是关于海上油污事故的重要公约。《责任公约》和《干预公约》都是由政府间海事协商组织主持签订的国际公约。1971年制定了《设立国际油污损害赔偿基金公约》，旨在保证损害赔偿可以实现，原油及重油进口者需要按照进口数量向该基金支付一定比例的金额，该笔资金就是该基金的主要经费来源。因为海上污染事故越来越多，为了更好地防止该类事件的发生，《1973年防止船舶污染国际公约》就此出现，它取代了原来的《海洋油污防止条约》。《1973年防止船舶污染国际公约》在之前《防止条约》的基础上扩大了缔约国的范围；对管制或禁止的事项也更全面，除了船舶油污的排出外，其他有害废液、装载有害物质的容器和废物等也在其管制和禁止范围内，并且禁止随意抛弃塑料制品。2001 年 10 月 5 日，通过了《控制船舶有害防污底系统国际公约》及其相关决议，于 2008 年 9 月 17 日起该公约正式生效。

5. 海洋倾废的管制

海洋倾废是指通过船舶、航空器、平台或者其他载运工具，向海洋处置废弃物和其他有害物质的行为，如弃置船舶、航空器、平台及其辅助设施和其他浮动工具等行为，但是在正常操作船舶、航空器及其他载运工具和设施的情况下产生的废弃物的排放并不属于海洋倾废。在 20 世纪五六十年代，因为海洋倾废操作简单费用低，很多国家和地区都通过这种方式处理陆上废物。但是大量的海洋倾倒对海洋环境造成了严重危害，国际社会也开始逐渐意识到这个问题，随后便开始了对海洋倾废的管制。1972 年发布了《防止倾倒废物和其他物质污染海洋的伦敦公约》，该公约是管制海洋倾倒行为的重要公约。该公约有四个主要特征：第一，内陆水域以外的所有海域都在该公约的适用范围内；第二，针对海洋倾倒的相关指标有一定国际最低标准，要求所有缔约国都必须达到相应标准；第三，该公约将废物分为三类分别规定，禁止倾倒毒害最大的废物，获得特别许可证才可以倾倒毒害较大的废物，获得一般许可证才可以倾倒其他废物；第四，倾倒废物会受到该公约磋商会议的监督。

除了以上公约外，《联合国海洋法公约》和区域性的《防止船舶和飞机倾弃废物污染海洋公约》也是关于海洋倾废的公约。《联合国海洋法公约》要求沿海国需要和那些可能受到其在自己海域倾废影响的国家进行磋商，并且在按规定颁发许可证之前需要对环境影响进行科学评估。《防止船舶和飞机倾弃废物污染海洋公约》要求，想在北海进行倾废行为的国家必须向奥斯陆委员会进行事先说明，证明其海洋倾废行为并不会造成海洋污染和破坏，并且除了海洋倾废外不存在其他可行的废物处理途径。

（二）中国海洋污染防治立法

20 世纪 70 年代，我国就开始着手开展海洋环境污染防治立法工作。针对一些沿海水域污染十分严重的情况，1974 年国务院转发了交通部制定的《防止沿海水域污染暂行规定》，这是我国第一个海洋环境保护的规范性法律文件。1979 年《环境保护法（试行）》对海洋环境污染防治作了一些原则性的规定。

1982 年 8 月 23 日，五届全国人大常委会第二十四次会议通过了《海洋环境保护法》，这是中国第一部保护海洋环境、防治海洋污染的综合性法律。此后，国务院相继颁布了《防止船舶污染海域管理条例》（1983 年制定，已废止）、《海洋石油勘探开发环境保护管理条例》《海洋倾废管理条例》《防止拆船污染环境管理条例》《防治陆源污染物损害海洋环境管理条例》《防治海岸工程建设项目污染损害海洋环境管理条例》《防治船舶污染海洋环境管理条例》（2013 年、2015 年两年间先后三次修订）等。从 1982 年国务院环境保护领导小组颁布《海水水质标准》以来，中国又陆续颁布了一些防治海洋环境污染的污染物排放标准，如《船舶污染物排放标准》《渔业水质标准》《海洋石油开发工业含油污水排放标准》《景观娱乐用水水质标准》等。

为了更好地适应我国沿海经济的发展以及经受海洋管理活动实践的检验，我国于 1999 年 12 月底，九届全国人大常委会第十三次会议对《海洋环境保护法》进行了修订，修订后的《海洋环境保护法》明确了其立法目的为："保护和改善海洋环境，保护海洋资源，防治污染损害，维护生态平衡，保障人体健康，促进经济和社会的可持续发展。"

1982 年制定，后经 1999 年修订、2013 年和 2016 年两次修正的《海洋环境保护法》，对于防治海洋环境污染、保护海洋自然生态、促进我国海洋资源的可持续利用、有效维护中国海洋主权，发挥了非常重要的作用。

除此之外，中国还加入了一系列关于防止海洋环境污染的国际公约，以此更好地吸收国际海洋环境保护的先进经验、与国际海洋环境法的规定和标准接轨以及加强与其他国家在海洋污染防治领域的交流与合作。这些国际公约主要包括《国际油污损害民事责任公约》《国际干预公海油污事故公约》《防止倾倒废弃物及其他物质污染海洋公约》《干预公海非油类物质污染议定书》《国际防止船舶污染公约》《海洋法公约》等。

（三）中国海洋污染防治监督管理体制

根据《海洋环境保护法》的规定，可以将我国海洋污染防治监督管理体制概括如下。

第一，省级政府规定沿海县级以上地方政府在海洋环境保护监督管理方面的权利行使部门及职责。

第二，国家渔业行政主管部门负责渔港水域内非军事船舶和渔港水域外渔业船舶污染海洋环境的监督管理，负责保护渔业水域生态环境工作，并调查处理第 5 条第 3 款规定的污染事故以外的渔业污染事故。

第三，环境保护部作为对全国环境保护工作统一监督管理的部门，对全国海洋环境保护工作实施指导、协调和监督，并负责全国防治陆源污染物和海岸工程建设项目对海洋污染损害的环境保护工作。

第四，国家海事行政主管部门负责所辖港区水域内非军事船舶和港区水域外非渔业、非军事船舶污染海洋环境的监督管理，并负责污染事故的调查处理；对在我国管辖海域航行、停泊和作业的外国籍船舶造成的污染事故登轮检查处理。船舶污染事故给渔业造成损害的，应当吸收渔业行政主管部门参与调查处理。

第五，军队环境保护部门负责军事船舶污染海洋环境的监督管理及污染事故的调查处理。

第六，国家海洋行政主管部门负责海洋环境的监督管理，组织海洋环境的调查、监测、监视、评价和科学研究，负责全国防治海洋工程建设项目和海洋倾倒废弃物对海洋污染损害的环境保护工作。

第三节　有毒有害物质污染防治法问题研究

一、固体废物污染环境法

（一）防治固体废物污染环境立法现状

当前，固体污染已经成为对环境造成危害的严重问题，我国为了改善这一现象，加强对固体废物污染的防治，制定了一系列法律法规，包括《工厂安全卫生规程》（1956 年发布，现已废止）、《关于保护和改善环境的若干规定（试行草案）》（1973 年）、《城市市容环境卫生管理条例》（1982 年发布，现已被 1992 年《城市市容和环境卫生管理条例》取代）、《海洋倾废管理条例》（1985 年发布，2011 年修订）、《传染病防治法》（1989 年通过，2004 年修订，2013 年修订），等等。除了以上法律法规外，《海洋环境保护法》《水污染防治法》等法律中也有关于废物的排放控制及污染防治的相关规定，在各项与固体废物排放相关的标准中也对此有相关规定。

1984 年开始，国家环境保护局就致力于制定固体废物污染环境防治法。通过反复征求意见与专家论证，历时 10 年，于 1995 年 10 月 30 日第八届全国人大常委会第十六次会议上通过了《固体废物污染环境防治法》，该法于 2004 年 12 月 29 日修订，2013 年 6 月 29 日修正。

（二）防治固体废物污染环境的主要法律规定

1.防治固体废物污染环境的原则

（1）对固体废物实行分类管理原则

防治固体废物污染，首先应该对固体废物进行科学分类，根据固体废物的种类以及其对环境造成危害的程度，明确具体的环境污染防范措施，以提升污染防范的针对性和有效性。例如，针对工业固体废物、城市生活垃圾，可以采取一般性管理措施以有效防范固体废物环境污染；针对危险废物，需要采取更为严格的管理措施和防范手段。

（2）对固体废物实行集中处置和分散处置相结合原则

相关主管部门应该集中设置区域性、专业化的固体服务处置设施，这样一方面可以有效降低废物处置费用，节约投资，另一方面可以在一定程度上提高固体废物的治理水平。国家应鼓励、支持有利于保护环境的集中处置固体废物的措施。此外，对于那些会产生大量固体废物量的企业事业单位，应该加强自我管理，对固体废物进行分散治理。

（3）对固体废物实行全过程控制原则

固体废物在各个环节都可能对环境造成污染，这就要求我们对固体废物进行全过程管理，也就是要对涉及固体废物的产生、排放、收集、贮存、运输、利用、处置等各个环节进行具有针对性的监督、管理和处置，以此提高固体废物环境污染防治的有效性。

（4）固体废物污染环境防治实行"三化"原则

"三化"原则是指减量化、资源化和无害化。减量化，是指尽可能减少或消除固体废物的产生；资源化，是指对已经产生的固体废物进行回收、循环、再利用，或者将固体废物作为另一种产品的生产原料；无害化，是指对固体废物进行一定处理使其安全无害地进入自然环境，以此降低或消除污染。

2.防治固体废物污染环境的监督管理体制

在我国，对全国固体废物污染环境防治工作总管的单位为国务院环境保护行政主管部门，该主管机关会对全国范围内的固体废物污染环境防治工作进行统一监督管理。县级以上地方人民政府环境保护行政主管部门对本行政区域内固体废物污染环境的防治工作实施统一监督管理。国务院和县级以上地方人民政府有关部门在各自的职责范围内负责固体废物污染环境防治的监督管理工作。国务院建设行政主管部门和县级以上地方人民政府环境卫生行政主管部门负责城市生活垃圾清扫、收集、贮存、运输和处置的监督管理工作。

3.防治固体废物污染环境的一般规定

第一,在自然保护区、风景名胜区、生活饮用水源地和其他需要特别保护的区域内,禁止建设工业固体废物集中贮存、处置设施、场所和生活垃圾填埋场。

第二,产生、收集、贮存、运输、利用、处置固体废物的单位和个人,应对防止或者减少固体废物污染环境负责,必须采取防扬散、防流失、防渗漏或者其他防止污染环境的措施。

第三,禁止中国境外的固体废物进境倾倒、堆放、处置。对于不能用作原料的固体废物,禁止进口;对于可以用作原料的,限制出口;对于国内跨行政区域转移固体废物,实行报告和许可制度。

第四,产品应当采用易回收利用、易处置或者在环境中易消纳的包装物;国家鼓励科研、生产单位研究、生产易回收利用、易处置或者在环境中易消纳的农用薄膜。对产品的包装物或容器和农用薄膜,应采取回收利用等方式,防止或减少对环境的污染。

另外,《固体废物污染环境防治法》第 21、22 条,对防污设施、场所作了一般规定,第 28 条规定了限期治理制度。

4.关于防治城市生活垃圾污染环境的法律规定

在人类的日常生活中会产生各种生活垃圾,但是城市生活垃圾的范围比较广泛,除了城市日常生活产生的各种固体废物外,为城市日常生活提供服务的活动所产生的固体废物也包含其中,此外,还有相关法律法规中明确规定为城市生活垃圾的固体废物。为了更好地开展固体废物污染环境防治工作,我国制定了《固体废物污染环境防治法》,明确规定了城市生活垃圾污染环境的防治方法。例如,该法第 40 条明确规定了城市生活垃圾的倾倒、堆放地点;第 42 条明确规定了城市生活垃圾的分类收集、清运和无害化处置;第 43 条对清洁能源和净菜进城作出了规定;第 44、45、48 条分别对城市环境卫生的标准要求、配套设施建设以及管理作了规定;此外,第 46 条规定,施工单位应当及时清运、处置建筑施工过程中产生的垃圾,并采取措施,防止污染环境。

5.关于防治工业固体废物污染环境的法律规定

国务院环境保护行政主管部门会同国务院经济综合主管部门和其他有关部门对工业固体废物对环境的污染作出界定,制定防治工业固体废物污染环境的技术政策，组织推广先进的防治工业固体废物污染环境的生产工艺和设备。

为了有效防治固体废物环境污染，降低污染可能性，《固体废物污染环境防治法》专门建立了“限期淘汰产生严重污染环境的工业固体废物的落后生产工艺、落后设备的名录”的制度。生产者、销售者、进口者或者使用者必须在规定期限内分别停止生产、销售、进口或者使用列入名录中的设备；生产工艺的采用者必须在规定期限内停止采用列入名录中的工艺。并且，被淘汰的设备不得转让给他人使用。

针对工业固体废物污染环境问题，县级以上人民政府有关部门应该制定相应防治工作规划，在负责范围内大力推广先进生产工艺和设备，尽可能从源头减少或消除工业固体废物的产生。

根据法律规定，在生产过程中产生工业固体废物的企业事业单位，需要建立健全企业污染环境防治责任制度，并且针对工业固体废物污染环境问题采取切实有效的措施；按照国家工业固体废物申报登记制度，产生工业固体废物的企业事业单位必须向相关主管部门提供工业固体废物的产生量、流向、贮存、处置等相关资源，并且要保证这些资料的真实性；在企业事业单位的生产过程中，如果产生不可利用或者暂时不利用的工业固体废物，必须根据相关规定建设或设置符合标准的工业固体废物贮存或者处置设施或场所；企业事业单位如果需要露天贮存冶炼渣、化工渣、燃煤灰渣、废矿石、尾矿和其他工业固体废物的，应该针对这些工业固体废物设置专用的贮存设施、场所。

6.关于防治危险废物污染环境的特别规定

危险废物是指列入国家危险废物名录，或者根据国家规定的危险废物鉴别标准和鉴别方法认定的具有危险特性的废物。危险废物约占工业固体废物的5%～10%，因其具有危险特点，造成的污染危害性质甚烈、程度甚重，是固体废物污染防治的重点，我国《固体废物污染环境防治法》对此作了专章规定。

《固体废物污染环境防治法》明确规定，由国务院环境保护行政主管部门会同国务院有关部门制定国家危险废物名录。1998年1月，我国公布了第一批共包含47类危险废物的《国家危险废物名录》。除名录制度外，国家还需确立并实行统一的危险废物鉴别制度。

第一，按照危险废物识别标志制度的规定，必须在危险废物的容器和包装物上标注显著的危险废物识别标志，必须在收集、贮存、运输、处置危险废物的设施或场所设置显著的危险废物识别标志。

第二，按照危险废物经营环境行政许可制度的规定，企业事业单位如果产生危险废物，则必须按照相关法律法规的规定向相关主管部门申报登记；企业事业单位如果从事收集、贮存、处置危险废物的经营活动，必须向县级以上人民政府环境保护行政主管部门提出经营申请，在获取经营环境行政许可后才可以从事相关活动；严格禁止无证经营的情况发生；企业事业单位中直接从事危险废物经营活动的人员，必须接受相应的培训，保证有正确处理相关问题的能力。

第三，根据《固体废物污染环境防治法》的规定，必须按照危险废物特性对危险废物进行分类收集、贮存，严格禁止混合收集、贮存、运输、处置性质不相容而未经安全性处置的危险废物的情况发生，严格禁止在非危险废物中混入危险废物进行贮存的情况发生；企业事业单位在运输危险废物的过程中，必须按照规定采取有效的防止污染环境的措施，并遵守国家有关危险货物运输管理的规定，严格禁止旅客搭乘运载危险废物的交通运输工具；如果需要将收集、贮存、运输、处置危险废物的场所、设施、设备和容器、包装物及其他物品转作他用，必须按照规定对相应的物件和场所进行严格的消除污染处理，保证这些物件或场所在没有污染的情况下改作他用。

第四，《固体废物污染环境防治法》规定对危险废物实行强制处置，并为使所有的危险废物都能得到妥善、安全处置，还引入了代为处置的制度。

第五，《固体废物污染环境防治法》对危险废物发生污染事故时的强制应急措施和处理做出规定。转移危险废物的，必须按照国家有关规定填写危险废物转移联单，并向危险废物移出地和接受地的县级以上地方人民政府环境保护行政主管部门报告。

第六，《固体废物污染环境防治法》规定，我国禁止经我国过境转移危险废物。

二、环境噪声污染防治法

（一）环境噪声标准及环境噪音监管机构

《环境噪声污染防治法》规定的与环境噪声污染防治相关的标准主要包括声环境质量标准和环境噪声排放标准两大类。由于国家标准已经涵盖环境噪声污染的各个方面而且比较严格，因而不需要另行制定地方标准。

国务院环境保护行政主管部门是我国防治环境噪声污染的主管部门，负责对相关问题进行有效的监督与管理。不同行政区对应不同的地方主管部门，即县级以上地方人民政府环境保护行政主管部门，地方主管部门需要对其行政范围内的环境噪声污染工作负责，实施统一的监督管理。此外，各级公安、交通、铁路、民航等主管部门和港务监督机构，也需要按照规定履行自身在环境噪音污染防治方面的职责，从而实现对我国的交通运输和社会生活噪声污染进行全面有效的防治和监督管理。

（二）环境噪声污染防治监督管理制度

1. 环境噪声监测制度

为了提升环境噪声污染防治的质量和效果，首先国务院环境保护行政主管部门应该建立健全环境噪声监测制度，明确噪声标准，制定监测规范，同时还需要会同各相关部门建立起科学合理的监测网络。环境噪声监测机构必须以国务院环境保护行政主管部门的规定为基准，按照要求定期向主管部门上报环境噪声监测结果。

2. 偶发性强烈噪声排放的申请和公告制度

如果在城市范围内从事会排放偶发性强烈噪声的生产活动的，需要按照相关规定，事先向当地的公安机关提出申请，只有申请通过获得批准的才可以开始作业。同时，当地公安机关应该将相关生产活动会排放噪音的事实向社会公告。

3. 落后设备淘汰制度

我国应该建立健全落后设备淘汰制度，及时淘汰那些会造成环境噪声污染的设备。国务院经济综合主管部门应当会同国务院有关部门公布限期禁止生产、禁止销售、禁止进口的环境噪声污染严重的设备名录。从事设备生产、销售和进口的，必须按照规定的期限，停止不合规设备的生产、销售和进口，以此消除或减少由落后设备造成的噪音污染。

除了以上规定外，《环境噪声污染防治法》还明确规定了环境影响报告、“三同时”制度、超标排污收费制度、现场检查制度等。

三、放射性污染防治法

（一）放射性污染防治立法

一些核工业发达国家，为了防治放射性物质污染环境，在很早之前就已经制定了相应的放射性防护法规和标准，以此科学有效地管理和防止放射性物质。我国从20世纪50年代起陆续制定了一系列的防治放射性污染的政策和法规。我国于1974年制定了《放射防护规定》。1986年制定了《民用核设施安全监督管理条例》，1987年制定了《核材料管理条例》与《城市放射性废物管理办法》，1988年制定了《核电厂安全监管实施细则》，1989年制定了《放射性同位素与射线装置放射防护条例》（2005年9月修改为《放射性同位素与射线装置安全和防护条例》、2014年修订），1990年制定了《放射环境管理办法》（2007年被废止），1993年制定了《核电厂核事故应急管理条例》。

2003年6月28日，我国制定了《放射性污染防治法》，该部法律的制定是为了更好地防治放射性污染，保护环境，保障人体健康，促进核能、核技术的开发和利用，该法于2003年10月1日起施行。该法适用于中华人民共和国领域和管辖的其他海域在核设施选址、建设、运行、退役和核技术、铀（钍）矿、伴生放射性矿开发利用过程中发生的放射性污染的防治活动。

（二）放射性污染防治的主要法律规定

1.放射性污染防治的监督管理体制

《放射性污染防治法》规定，国务院环境保护行政主管部门对全国放射性污染防治工作依法实施统一监督管理。国务院卫生行政部门和其他有关部门依据国务院规定的职责，对有关的放射性污染防治工作依法实施监督管理。可见，放射性污染防治实行统一监督管理与分部门监督管理相结合的管理体制。

2.对放射性废物的监督管理

（1）关于放射性固体废物处置的规定

国务院环境保护行政主管部门具体规定了放射性固体废物的处理办法，对于那些可能产生放射性固体废物的单位，需要按照规定处理废物，并将处理后的放射性固体废物运送至国家规定的处置单位处置，并且需要承担这个过程中产生的所有处置费用。

（2）关于放射性废液处置的规定

国务院环境保护行政主管部门具体规定了放射性液体废物的处理办法，对于那些会产生放射性废液的单位，需要按照相关规定对不可向环境排放的放射性废液进行处理或者贮存。对于符合对环境排放标准的放射性废液，需要严格按照国务院环境保护行政主管部门的规定进行排放。严禁利用渗井、渗坑、天然裂隙、溶洞或者国家禁止的其他方式进行放射性废液的排放。

(3)关于放射性废气、废液排放的规定

按照国务院环境保护行政主管部门的规定,产生符合国家对环境排放标准的放射性废气、废液的单位,需要向审批环境影响评价文件的环境保护行政主管部门申请放射性核素排放量,根据其申请通过的排放量按照规定的排放方式进行废气、废液的排放,同时还需要向主管部门定期上报排放计量结果。

四、危险物品污染防治法

(一)危险化学品污染的防治

危险化学品,是指具有毒害、腐蚀、爆炸、燃烧、助燃等性质,对人体、设施、环境具有危害的剧毒化学品和其他化学品。危险化学品目录,由国务院安监部门会同国务院工信、公安、环保、卫生、质检、交通、铁路、民航、农业部门,根据化学品危险特性的鉴别和分类标准确定、公布,并适时调整。为防治危险化学品的污染,《危险化学品安全管理条例》作了具体规定。

1.贮存管理制度

危险化学品应当储存在专用仓库、专用场地或者专用储存室(以下统称专用仓库)内,并由专人负责管理;剧毒化学品以及储存数量构成重大危险源的其他危险化学品,应当在专用仓库内单独存放,并实行双人收发、双人保管制度。危险化学品专用仓库应当符合国家标准、行业标准的要求,并设置明显的标志。

2.运输和装卸管理制度

运输化学危险物品,必须按照国家有关危险货物运输管理规定办理。危险化学品的装卸作业应当遵守安全作业标准、规程和制度,并在装卸管理人员的现场指挥或者监控下进行。

3.项目控制制度

国家对危险化学品的生产、储存实行统筹规划、合理布局;新建、改建、扩建生产、储存危险化学品的建设项目,应当由安监部门进行安全条件审查;危险化学品生产企业进行生产前,应当取得危险化学品安全生产许可证;生产列入国家实行生产许可证制度的工业产品目录的危险化学品的企业，应当取得工业产品生产许可证。生产、使用、销毁、处理化学危险物品必须采取规定的安全防护措施，并妥善处理由此而产生的“三废”。

4. 经营管理制度

国家对化学危险物品实行经营许可证制度。凡经营化学危险物品的企业必须具备规定的条件，并按规定程序申领经营许可证，禁止无证经营化学危险物品。

（二）监控化学品污染防治的法律制度

监控化学品是指列入国家监控化学品名录，可作为化学武器、生产化学武器前体、生产化学武器主要原料的化学品和除炸药与纯碳氢化合物以外的特定有机化学品。监控化学品分为四类：第一类是可作为化学武器的化学品；第二类是可作为生产化学武器前体的化学品；第三类是可作为生产化学武器主要原料的化学品；第四类是除炸药和纯碳氢化合物外的特定有机化学品。为防治监控化学品对环境的污染，《中华人民共和国监控化学品管理条例》主要规定了以下内容。

1. 化学品进出口管理制度

国家严格控制第一类监控化学品的进出口。非为科研、医疗、制造药物或者防护的目的不得进口第一类监控化学品。接受委托进口或出口第一类监控化学品的，必须经国务院批准；接受委托进口或出口第二类和第三类监控化学品及其生产技术、专用设备的，必须经国务院化学工业主管部门批准。

2. 化学品使用管理制度

需要使用第一类监控化学品的，需经国务院化学工业主管部门审查批准；需要使用第二类监控化学品的，需经省、自治区、直辖市人民政府化学工业主管部门审查批准。

3. 化学品生产管理制度

生产第一类监控化学品，需经国务院化学工业主管部门批准，并在其指定的小型设施中生产。生产第二类、第三类监控化学品和第四类监控化学品中含磷、硫、氟的特定有机化学品，实行特别许可证制度，未经特别许可，任何单位和个人均不得生产。

（三）农药污染防治的法律制度

农药是指用于预防、消灭或控制危害农业、林业的病虫、草和其他有害生物以及有目的地调节植物、昆虫生长的化学合成物或者来源于生物、其他天然物质的一种物质或者几种物质的混合物及其制剂。为加强对农药的管理、防治农药污染，《农药管理条例》主要规定以下几方面的内容。

1. 农药使用制度

使用农药应遵守农药防毒规程，遵守有关农药安全、合理使用的规定，防止农药污染环境、农药中毒事故，防止污染农副产品。

2. 农药生产许可制度

农药生产应当符合国家农药工业的产业政策；只有符合国家规定，并向企业所在地的省、自治区、直辖市工业产品许可管理部门申请审核通过后，上报国务院工业产品许可管理部门并经过批准后的，才可以领取农药生产企业的营业执照，从事相关工作；我国实行农药生产许可证制度，企业只有向国务院工业产品许可管理部门申请农药生产许可证后才可以从事相应的生产工作，并且企业只可以生产符合国家标准或者行业标准的农药，企业想要生产那些并没有设立国家标准、行业标准但已有企业标准的农药的，则必须向企业所在地的省、自治区、直辖市工业产品许可管理部门提出申请，并在审核通过后再报国务院工业产品许可管理部门批准，通过一系列的审核批准后的企业才可以获得相应的农药生产批准文件，才可以从事相应的农药生产工作。

3. 农药监督管理体制

我国对农药实施统一的登记和监督工作，由国务院农业行政主管部门负责相关事宜。省、自治区、直辖市人民政府农业行政主管部门协助国务院农业行政主管部门做好本行政区域内的农药登记，并负责本行政区域内的农药监督管理工作。县级人民政府和设区的市、自治州人民政府的农业行政主管部门负责本行政区域内的农药监督管理工作。县级以上各级人民政府其他有关部门在各自的职责范围内负责有关的农药监督管理工作。

4. 农药登记制度

国家规定从事农药的生产和进口必须按照相关规定到主管部门进行登记。对于国内首次生产或进口的农药，首先要进行田间试验，试验结果合格后进行临时登记，此后再进行正式登记。国务院农业行政主管部门所属的农药检定机构负责全国的农药具体登记工作。省、自治区、直辖市人民政府农业行政主管部门所属的农药检定机构协助做好本行政区域内的农药具体登记工作。

5.农药产品质量管理制度

生产的农药应符合农药产品质量标准，其包装符合规定。并在出厂前进行质量检验，附具产品质量检验合格证。

第七章　生态环境保护法研究

随着我国生态环境问题的日益严重和可持续发展战略的深入推进，我国的环境保护工作也由过去的污染防治为主转变为防治环境污染与合理开发利用自然资源并重。近年来，我国开始以整体性、系统化的保护和建设生态环境为理念，强调污染防治、自然资源合理开发利用和生态保护的三管齐下。相应地，我国有关生态环境保护的立法越来越受到重视，环境法的重点也由过去的环境污染法执法逐渐转移到生态环境保护法，生态环境保护法已经成为我国环境法体系的重要组成部分。

第一节　生态环境保护法立法问题

一、生态环境概述

（一）生态环境的概念

生态环境（ecological environment）是指影响生态系统发展的各种天然和经过人工改造的自然因素的总和。一般而言，生态环境是以整个生物界为中心和主体，包括围绕生物界并构成生物生存所必需条件的所有外部空间和无生命物质，如大气、土壤、阳光等。生态环境由生物群体、外部空间以及无生命物质三大要素组成。生态环境的破坏，最终会导致人类环境的恶化。生态环境保护的目标是保证人类与其他生物的共存共荣。

（二）生态环境的分类

按照环境要素的形成原因，生态环境可以分为自然环境与人工环境。前者包括大气、水、森林、草原等环境要素，后者包括城市、乡村、生活居住区、人文遗迹等环境要素。

从对人类利用价值的角度，可以将生态环境分为生态资源（包括生物资源与非生物资源）与生态空间。生态资源又包括生物资源（如森林、草原等）

与非生物资源(如土地、矿藏等),所涉及的自然资源具有较明显的财产属性。其中的生物资源一般是可再生资源,非生物资源主要是不可再生资源。生态空间包括自然保护区、文物古迹、风景名胜、乡村与城市环境等。

(三)生态环境的特征

生态环境构成了人类社会发展的自然物质基础,其特征决定着人类获取和利用它的方式和内容,也决定着生态保护法的内容和发展。因此,充分认识生态环境的特征有利于人类对其实施有效利用、管理和保护。

1.整体性

生态环境要素的存在依赖于必要的客观物质条件,二者之间有着内在的、有机的联系,共同构成一个统一体。森林、草原、矿藏依附于土地,它们和土地相互影响,存在着连锁性、结构性的变化效应。其中一种要素的变化,会影响到其他生态环境要素的变化和功能的发挥,甚至影响到整个生态环境系统的发展。任何不尊重规律的无序开发均会对这些生态环境要素造成功能减损和价值降低。生态环境要素整体性特征,要求人们在开发利用活动中,避免追求单一要素利益,应当着眼于相互关联要素的整体利益。

2.有限性

生态环境要素依存于客观物质条件的特性,这决定了这些要素在数量上不都是无限的。如果人类对这些生态环境要素不当利用、滥用或破坏,势必会削弱这种能力,使可再生要素的状况发生改变、变质,甚至灭绝。自然保护区和名胜古迹等人文生态环境要素具有不可复制性和不可替代性,同样,如果人们一味追逐利益,盲目开发、疏于保护和管理,也会减损这些要素的价值,限制其应有生态环境价值功能的发挥,甚至使其丧失这种功能。生态环境要素的有限性,要求人们尊重自然、理性开发。

3.公共性

生态环境要素具有典型的公共物品属性,如大气、阳光、水、生物多样性、人文遗迹、乡村环境等。这些要素并不属于某个人或某一群体,而是为人们所共有。生态环境保护的受益者不仅是个人、群体,也是整个社会,甚至包括未来世代。这一特征告诉人们,在开发利用公共资源时,要从全局出发,兼顾经济效益、生态效率与社会成本、兼顾他人利益及后代人利益。

二、生态环境保护法律体系

(一)传统环境保护法的局限性

传统的环境保护法起源于污染防治法,以污染防治为重心,忽视自然资源的保护,因而不利于生态环境的整体保护与建设。其局限性主要体现在以下方面。

1.法律属性

在法律属性方面,污染防治法主要侧重环境污染的法律责任问题,属于事后救济。就世界范围来看,各国基本采取先污染、后治理的污染防治法。这种制度具有局限性,对预防环境污染不能发挥最大的功能,而且污染一旦产生,会造成财产赔偿,这往往得不偿失。并且,有的严重污染所造成的后果是无法挽回的,通过财产补偿措施并不能消除它造成的不良影响。

2.调整范围

在调整范围方面,污染防治法直接针对向环境排放有毒有害物质的行为,即污染行为。而那些同样危害环境的,诸如滥伐森林、乱垦土地等破坏生态环境的行为,并不属于污染防治法的调整范围。事实上,破坏生态环境的行为与污染环境的行为同样有害,而且往往危害更为持久,后果更加难以消除。

3.法学原理

从法学原理的角度观察,污染防治法可以借助环境科学技术规范以及政府的行政管理行为,防治对象主要是企业行为,因而法律实施的难度相对较小。然而,针对破坏生态环境行为的防治,不仅可能与传统的所有权制度在法律上有所冲突,而且此类行为往往涉及的主体广泛,既包括企业行为,也包括公民行为,传统污染防治法的原理和各项制度并不能适应保护生态环境的客观需要。

4.调整模式

从调整模式上看,污染防治法在本质上属于民事损害赔偿制度,只要有污染损害的行为和结果,通常会有受害人主张权利,法律责任的确定也有一整套成熟的民事制度可以借鉴。在生态保护建设领域,问题却要复杂得多。

一方面,许多生态环境资源的价值难以用金钱计算,例如,一棵树作为木材的价值是有限的,但在保护生态环境方面的意义并非其财产价值所能衡量;一棵珍稀树木的自然资源价值,或者一棵古木的人文生态环境价值,更是难以用金钱估量的。民事赔偿制度对此类问题显得无能为力。另一方面,生态环境的保护建设工作不仅有利于当代人,也是对后代人利益的保护,是可持续发展的必然要求。这是污染防治法所依赖的民事损害赔偿制度所不能调整的。

此外,生态保护建设的对象主要是一种公共利益,而非私人利益。环境公益涉及的利益主体多,关系复杂,法律保护难度很大。环境保护中经常援引西方经济学家称为"公有物的悲剧"(the tragedy of the commons)的规律,其直接来源主要是自然资源保护问题,是私法保护的一个盲区。

由于以上原因,促使了生态保护建设法应运而生,并且很快成为现代环境法研究的重要领域。

(二)我国的生态环境保护法律体系

经过多年的努力,我国的生态环境保护法已经初具规模,其构成主要包括以下几个方面。

1.宪法对自然资源和环境问题的原则性规定

此类规定不仅确定了自然资源的产权关系,而且明确规定了国家保护生态环境,并保障它的合理利用。如《宪法》第九条第二款规定:"国家保障自然资源的合理利用,保护珍贵的动物和植物。禁止任何组织或者个人用任何手段侵占或者破坏自然资源。"第十条第五款规定:"一切使用土地的组织和个人必须合理地利用土地。"第二十六条第二款和第二款规定:"国家保护和改善生活环境和生态环境,防治污染和其他公害。国家组织和鼓励植树造林,保护林木。"这些规定为我国生态保护建设立法奠定了坚实的宪法基础,指明了生态环境保护和利用的方向。

2.《环境保护法》中的有关规定

作为综合性的环境基本法,其中的基本任务、保护对象、基本原则与基本制度、管理机构与管理权限以及法律责任等相关规定,均是生态环境保护法的重要法律渊源。2014 年新修订的《环境保护法》对生态环境保护高度重视,创设了一些重要的新制度,包括以下方面。

(1)生态红线制度

2014 年新修订的《环境保护法》第 29 条规定:“国家在重点生态功能区、生态环境敏感区和脆弱区等区域划定生态保护红线,实行严格保护。”“各级人民政府对具有代表性的各种类型的自然生态系统区域,珍稀、濒危的野生动植物自然分布区域,重要的水源涵养区域,具有重大科学文化价值的地质构造、著名溶洞和化石分布区、冰川、火山、温泉等自然遗迹,以及人文遗迹、古树名木,应当采取措施予以保护,严禁破坏。”

(2)合理开发自然资源制度

2014 年新修订的《环境保护法》第 30 条规定:“开发利用自然资源,应当合理开发,保护生物多样性,保障生态安全,依法制定有关生态保护和恢复治理方案并予以实施。引进外来物种以及研究、开发和利用生物技术,应当采取措施,防止对生物多样性的破坏。”

(3)生态补偿制度

2014 年新修订的《环境保护法》第 31 条规定:“国家建立、健全生态保护补偿制度。国家加大对生态保护地区的财政转移支付力度。有关地方人民政府应当落实生态保护补偿资金,确保其用于生态保护补偿。国家指导受益地区和生态保护地区人民政府通过协商或者按照市场规则进行生态保护补偿。”

3.生态环境保护法的单行法律法规

有关自然资源保护的法律法规主要有:《野生动物保护法》及其实施条例、《野生植物保护条例》、《渔业法》、《水产种质资源保护区管理暂行办法》、《森林法》、《草原法》及其实施条例、《土地管理法》及其实施条例、《土地零垦条例》、《水法》、《海洋环境保护法》、《矿产资源法》及其实施细则、《煤炭法》、《电力法》、《节约能源法》、《可再生能源法》、《基本农田保护条例》、《水土保持法》及其实施条例、《防沙治沙法》《防洪法》等。

有关人文生态环境保护的法律法规主要有:《风景名胜区条例》、《自然保护区条例》、《文物保护法》及其实施细则、《水下文物保护管理条例》、《文物保护工程管理办法》、《森林公园管理办法》、《国家湿地公园管理办法》、《城乡规划法》及其实施细则等。

这些法律法规不仅使我国生态环境保护法基本形成生物资源保护法体系、非生物资源保护法体系和人文生态环境保护法体系,而且多数单行法也形成了自己的分支体系,如水法体系、土地法体系、矿产资源法体系、森林法体系、野生动植物保护法体系、文物保护法体系、风景名胜保护法体系等。

第二节 环境要素资源保护法律问题研究

环境要素资源保护法是环境保护法的一种,其又包括环境要素保护法,主要体现为土地资源保护法、水资源保护法、森林资源保护法、渔业资源保护法、矿产资源保护法、野生动植物保护法等。

一、土地资源保护法

确定土地资源的保护是我国的基本国策。《中华人民共和国土地管理法》规定:“十分珍惜、合理利用土地和切实保护耕地是我国的基本国策。”在社会生产过程中要严格遵守。

(一)土地用途管制

国家为保证土地资源的合理利用,促进经济、社会和环境协调发展,通过编制土地利用总体规划划定土地用途区域,确定土地使用限制条件,土地所有者、使用者严格按照国家规定的用途利用土地。其基本内容是:按用途对土地进行分类;通过土地登记明确土地使用权性质;编制土地利用总体规划,划分土地利用区和确定土地使用的限制条件;对改变土地用途实行审批制度。在我国,该制度体现为将土地划分为农用地、建设用地和未利用地;严格限制将农用地转为建设用地,控制建设用地数量,对耕地实行特殊保护。

(二)土地调查和统计

县级以上人民政府土地行政主管部门会同同级有关部门进行土地调查。县级以上人民政府土地行政主管部门根据土地调查结果、规划土地用途和国家制定的统一标准,评定土地等级。

县级以上人民政府土地行政主管部门和同级统计部门共同统计调查方案,依法进行土地统计,定期发布土地统计资料。国家建立全国土地管理信息系统,对土地利用状况进行动态监测。

(三)耕地特殊保护

1. 耕地总量动态平衡

国家保护耕地,严格控制将耕地作其他用途。国家实行占用耕地补偿制度。非农业建设经批准占用耕地的，按照“占多少，垦多少”的原则，由占地单位负责开垦与所占用耕地的数量和质量相当的耕地；没有条件开垦或者开垦的耕地不符合要求的，应缴纳耕地开垦费，专款用于开垦新的耕地。

2. 基本农田保护

以下几类耕地应当划入基本农田保护区以进行严格管理。

第一，经国务院有关主管部门或者县级以上地方人民政府批准确定的粮，棉，油和名、优、特、新农产品生产基地内的耕地。

第二，高产、稳产田，有良好的水利与水土保持设施的耕地，正在实施改造计划以及可以改造的中、低产田。

第三，城市蔬菜生产基地。

第四，农业科研、教学试验田。

第五，国务院规定的应当划入基本农田保护区的其他耕地。基本农田应当占耕地的80%以上。基本农田实行特殊保护，不得占用。

3. 禁止破坏耕地和闲置、荒芜耕地

非农业建设必须节约和合理使用土地，原则上可以利用荒地的不得占用耕地；可以利用劣地的不得占用好地。禁止占用耕地建窑、建坟，或者擅自在耕地上建房、挖沙、采石、采矿、取土等。禁止占用基本农田发展林果业和挖塘养鱼。禁止任何单位和个人将耕地闲置以致耕地荒芜。

(四)建设用地管理

1. 土地用途管理

任何单位在建设过程中需要对土地用途进行改变的，应当依法向有关部门递交使用国有土地的申请。对于涉及要将农业用地转为建设用地的，应依照相关法律规定严格履行和办理农用地转用审批手续。

2. 乡(镇)村建设用地管理

乡(镇)村企业、乡(镇)村公共设施、公益事业、农村居民住宅等乡(镇)村建设，应当按照所在村庄和集镇的整体规划，全篇合理布局，综合开发利用，健全配套建设；建设用地，应当符合乡(镇)土地利用总体规划和土地利用年度计划，并依法办理审批手续，其中涉及占用农用地的，依照农用地转用规定办理审批手续。

3. 土地征用补偿

征用土地的，按照被征用土地的原用途给予补偿。征用耕地的补偿费用包括征地补偿费、安置补助费以及地上附着物和青苗的补偿费。征用城市郊区的菜地，用地单位应当按照国家有关规定缴纳新菜地开发建设基金。

二、水资源保护法

（一）水资源权属

根据《水法》的规定，在我国水资源属于国家所有。水资源的所有权由国务院代表国家行使。农村集体经济组织的水塘和由农村集体经济组织修建管理的水库中的水，归各农村集体经济组织使用。

（二）水资源开发利用规划

《水法》首次建立了水资源战略规划制度，并理顺了各种规划之间的相互关系。第 14 条规定："国家制定全国水资源战略规划。开发、利用、节约、保护水资源和防治水害，应当按照流域、区域统一制定规划。规划分为流域规划和区域规划，流域规划包括流域综合规划和流域专业规划；区域规划包括区域综合规划和区域专业规划。"

另外，《水法》增设了水资源中期规划和流域水量分配制度。经批准的水资源开发利用规划是开发利用水资源和防治水害活动的基本依据，任何单位和个人必须据此执行。

（三）取水许可和有偿使用

取水许可只适用于直接从地下和江河、湖泊取水的用户，不适用于为家庭生活、畜禽饮用取水和其他少量取水，也不适用于使用自来水和水库等供水工程的水以及在江河、湖泊中行船、养鱼的用水。国务院发布的《取水许可制度实施办法》对取水许可作出了具体规定。

国家实行开发利用水资源的单位和个人为获得取水权依法向国家缴纳水资源费的制度。水资源费的征收范围和对象只限于城市中从地下取水的单位，其他从地下或者从江河、湖泊取水的，按省、自治区、直辖市人民政府的规定收费；个人，包括城市中的个人直接从地下取水的，不予收费。

（四）用水收费

使用供水工程供应的水的单位和个人，要向供水单位缴纳水费。水费的征收管理办法，由国务院制定。水费和水资源费是两种不同的收费。水资源费要缴给国家，水费则缴给供水单位。水资源费是在用水单位自己直接从地下或江河湖泊取水时缴纳，水费则是在其他单位给用水单位供水时由用水单位缴纳。水资源费主要用于水资源的保护和水资源的开发，水费则主要用于供水设施的建设、维护和运行。

（五）特殊区域和工程保护

省、自治区、直辖市人民政府划定饮用水水源保护区，并采取措施，防止水源枯竭和水体污染，保障城乡居民饮用水安全。

开采地下水必须在水资源调查评价的基础上，实行统一规划，加强监督管理。在地下水已经超采的地区，实行地下水开采禁限。

禁止侵占、毁坏水工程及有关设施。划定水工程保护区，在水工程保护范围内，禁止进行爆破、打井、采石、取土等危害水工程安全的活动。

三、森林资源保护法

（一）权属制度

我国森林法把林权分为国家林权、集体林权、机关团体林权和公民个人林权。经国务院批准确定的国家所有的重点林区的森林、林木和林地，由国务院林业主管部门登记造册，核发证书。

对于林权的转让，《森林法》规定，森林、林木可以转让，林地使用权和林木可以作为合资、合作造林、营林的出资或者合作条件。在实践中出现了中幼林转让、中幼林合营、林地出租造林以及林地使用权、林木折价入股等多种森林资源流转形式。这对优化生产要素配置、盘活森林资源资产、促进林业发展，起了重要作用。

目前林业方面出台的相关规划有《全国林地保护利用规划纲要（2010—2020年）》《全国林业信息化“十三五”规划发展》《林业发展“十三五”规划》《全国森林防火规划（2016—2025年）》和《全国造林绿化规划纲要（2011—2020年）》等，其后，各省、市、县也会相应出台相关规划，如何做好同级规划的协调性、层次性，如何做好国家、省、市、县等各级规划之间的衔接，使规划能够逐步细化、具体化，便于操作。规划的制定应秉持流程科学、群众参与和一以贯之的原则,不得因个人喜好随意修改规划。

明确规划执行的主体,明确各部门的权、责、利,为确保林业规划中的手段能够切实得到执行,应将生态绿化指标纳入干部考核指标中,而不是传统的仅仅以经济为纲,仅仅考察 GDP。差异化干部考核指标,提高生态绿化指标在不宜发展工业的县市内的权重,甚至完全将是否保护和发展了绿水青山作为唯一的考核标准,以使该区域内干部能够真心实意地维护规划、执行规划,从而使规划获得实质上的权威。

(二)森林资源管理和保护

1. 限量采伐和采伐更新

取之有度,适量采伐。森林资源虽然是可再生资源,但是要成长成可利用资源需要一定的生长周期,资国家应该针对这一情况,根据用材林的消耗量低于生长量的原则,严格控制对于森林资源的年采伐量。全民所有的森林和林木以国营林业企业事业单位、农场、厂矿为单位,集体所有的森林和林木以县为单位,制定年采伐限额。除了农村居民采伐自留地和房前屋后个人所有的零星林木外,采伐林木必须申请采伐许可证。

2. 建立林业基金

林业基金是国家为发展林业而设立的专项资金,主要用于林区采伐迹地更新和林间空地、荒山、荒地造林和育林、护林等费用的支出。

3. 设立森林生态效益补偿费

国家设立森林生态效益补偿基金,对提供生态效益的防护林和特种用途林的森林资源、林木进行营造、抚育、保护和管理。

4. 封山育林

封山育林是指对划定的区域采取封禁措施,利用林木天然更新能力使森林恢复的育林方法。封山育林的主要对象有以下两种:一是具备天然更新能力的疏林地,二是造林不易成活需要改善林地条件的荒山荒地和幼林地等。在所划封山育林范围内,要采取措施进行保护,例如,严格禁止或者限制开荒、砍柴和放牧等活动。

5. 群众护林

各级人民政府组织有关部门建立护林组织,负责护林工作,并督促有林的地区和林区的基层单位订立护林公约，组织群众护林，划定护林责任区，配备专职或者兼职护林员。

6. 森林防火

第一，建立防火责任制度和军民联防制度。

第二，授权县级以上地方人民政府可以根据本地的具体情况规定森林防火期和森林防火戒严期，规定森林防火戒严区。

第三，森林防火期内禁止野外用火，对因特殊情况需要用火者实行生产用火许可制度。

第四，加强森林防火设施的建设。

第五，加强森林火险的监测和预报。

第六，实行森林火灾发现的报告制度。任何单位和个人，一旦发现森林火灾，必须立即扑救，并及时向当地人民政府或者森林防火指挥部报告。

第七，对森林防火实行奖励与惩罚制度。

7. 森林病虫害防治

第一，建立健全森林病虫害防治机构。

第二，对林木种苗实行检疫措施，禁止检疫对象从国外传入或在国内传播。

第三，划定疫区和保护区，防止检疫对象扩散。

第四，对林内各种有益生物加强保护，并有计划地进行繁殖和培养，发挥生物防治作用。

第五，建立健全森林病虫害监测和预报制度。

第六，根据实际需要建立森林病虫害防治的设施。

第七，对病虫害的发生实行报告制度、紧急除治措施制度和联防联治制。

第八，要设立森林公安机关，维护林区社会治安、负责保卫森林资源，同时对盗伐、滥伐等违法行为实施行政处罚。

四、渔业资源保护法

国家对渔业资源的监督管理实行统一领导、分级管理的体制。

（一）规范捕捞作业制度

1. 实行捕捞限额

同其他自然资源一样，渔业资源也是维持生态平衡的一个重要组成部分，应该采取措施对渔业资源进行合理保护。国家根据捕捞量低于渔业资源增长量的原则，通过计算统计确定渔业资源的总可捕捞量，在制度上实行限额捕捞。中华人民共和国内海、领海、专属经济区和其他管辖海域的捕捞限额总量由国务院渔业行政主管部门确定，相关部门将总捕捞量报国务院审核批准以后逐级分解下达；国家确定的重要江河、湖泊的捕捞限额总量由有关省、自治区、直辖市人民政府确定或者协商确定，一级一级分解下达并严格实施。如出现违规捕捞，应受到一定的惩罚。

2. 渔业捕捞许可证

渔业捕捞许可证可分为外海捕捞许可证、近海捕捞许可证、内陆水域捕捞许可证、专项（特许）捕捞许可证、临时捕捞许可证。凡在我国管辖水域从事渔业生产的单位和个人，均需按规定申请办理捕捞许可证。未取得捕捞许可证的，不得从事捕捞作业。

3. 加强对捕捞工具的管理

批准发放海洋作业的捕捞许可证不得超过国家下达的船网工具控制指标；制造、更新改造、购置、进口的从事捕捞作业的船舶经渔业船舶检验部门检验合格，方可下水作业。

（二）渔业资源增殖和保护

1. 渔业资源增殖和保护方面的措施

第一，实行渔业资源增殖保护费。县级以上人民政府渔业行政主管部门可以向受益的单位和个人征收渔业资源增殖保护费，专门用于增殖和保护渔业资源。

第二，建立水产种质资源保护区。国家保护水产种质资源及其生存环境，并在具有较高经济价值和遗传育种价值的水产种质资源的主要生长繁育区域建立水产种质资源保护区。未经国务院渔业行政主管部门批准，任何单位或者个人不得在水产种质资源保护区内从事捕捞活动。

2. 渔业资源增殖和保护方面的禁止措施

第一，禁止炸鱼、毒鱼。

第二，规定禁渔区、禁渔期、禁用渔具和禁用的捕捞方法，不得在禁渔区和禁渔期进行捕捞，也不得使用禁用的渔具、捕捞方法和小于规定的最小网目尺寸的网具进行捕捞。

第三，除经过特别批准外，禁止捕捞有重要经济价值的水生动物苗种。

第四，禁止围湖造田。

第五，在鱼、虾、蟹洄游通道建闸、筑坝对渔业资源有严重影响的，建设单位应当建造过鱼设施或者采取其他补救措施。

第六，对于进行水下爆破、勘探、施工作业有可能对渔业资源产生重要不良影响的，要求相关部门或单位必须采取预防措施，最大程度地防止或者减少对渔业资源的损害。

五、矿产资源保护法

（一）矿产资源权属制度

矿产资源权属制度主要包括所有权、探矿权、采矿权三种。

在我国，矿产资源采取的是单一的所有权制度，也就是矿产资源开发、使用、分配权归国家所有，其所有权由国务院行使。

探矿权是指在依法取得的勘察许可证规定的范围内勘察矿产资源的权利。

采矿权是指在依法取得的采矿许可证规定的范围内开采矿产资源和获得所开采的矿产品的权利。

矿产资源所有权虽然归国家所有，但是探矿权、采矿权方面采取的是有偿取得制度，并且探矿权和采矿权根据有关规定可以依法进行转让。在监督管理方面，我国的矿产资源保护实行主管与协管相结合的监督管理体制。

（二）矿产资源管理制度

1.矿产资源规划

全国矿产资源规划，可分为矿产资源勘察规划和矿产资源开发规划。根据国民经济和社会发展中长期规划，国务院地质矿产主管部门在国务院计划行政主管部门指导下，组织国务院有关主管部门和省、自治区、直辖市人民政府编制矿产资源规划，报国务院审核批准后实施。

2.矿产资源勘察登记

对于矿产资源的勘察管理，国家实行统一的区域登记管理制度。国务院地址矿产部门负责矿产资源勘察登记工作，经国务院授权，特定矿种的矿产资源勘察登记工作可以交给有关主管部门负责。

3. 采矿许可证

凡在我国领域及管辖海域开采矿产资源的单位和个人，必须经过审查批准，取得采矿许可证。不同区域、规模和不同种类的矿产资源，分别由不同的机构审批和发放采矿许可证。按照矿产资源重要程度和矿种的不同，矿产资源开采的审批登记及颁发许可证分别由国务院、省、地(市)、县四级地质矿产行政管理机关负责。

4. 矿产资源补偿费

凡在中华人民共和国领域和其他管辖海域开采矿产资源的采矿权人，都应当按规定缴纳矿产资源补偿费。当然，矿产资源补偿费是由国家统一规定的，是根据矿产品销售收入的实际情况按照一定比例计征。

(三)矿产资源开发利用中的保护制度

1. 对特定矿区和矿种实行计划开采

国家对国家规划矿区、对国民经济具有重要价值的矿区和国家规定实行保护性开采的特定矿种，实行有计划的开采；未经国务院有关主管部门批准，任何单位和个人不得开采这类矿区和矿种。

2. 对具有工业价值的共生和伴生矿产实行综合勘探与综合开采

在完成主要矿种普查任务的同时，应当对工作区内包括共生或者伴生矿产的成矿地质条件和矿床工业远景做出初步综合评价；对具有工业价值的共生和伴生矿产应当统一规划，综合开采，综合利用，防止浪费；对暂时不能综合开采或者必须同时采出而暂时还不能综合利用的矿产以及含有有用组分的尾矿，应当采取有效的保护措施，防止损失破坏。

3. 采取合理的开采顺序、方法和工艺

开采矿产资源，必须采取合理的开采顺序、开采方法和选矿工艺；开采回采率、采矿贫化率和选矿回收率应当达到设计要求。

4. 矿山生态环境保护专项规划

为使开发与环保并重，提高利用率，国家实行矿山生态环境保护专项规划制度，对矿山开发建设的生态环境保护、矿山开发利用的“三废”处理、矿山土地复垦与土地保护利用、矿山环境污染和生态破坏的治理及矿区地质灾害监测与防治进行统筹规划并保障实施。

5. 建设项目环境影响评价及“三同时”制度

建设矿产资源开发利用项目必须首先进行环境影响评价，建设过程中应执行“三同时”制度。

6. 土地复垦制度

耕地、草原、林地因采矿受到破坏的，矿产企业应当按照“谁破坏、谁复垦”的原则，因地制宜地采取复垦利用、植树种草或者其他利用措施。

7. 保护风景名胜和文化古迹

如果没有经过国务院或其授权的有关主管部门的批准和同意，不得在重要河流、堤坝两侧一定距离内以及国家划定的自然保护区、重要风景名胜区、国家重点保护的不能移动的历史文物和名胜古迹所在地开采矿产资源。在勘察、开采过程中，一旦发现具有重大科学文化价值的罕见地质现象以及文化古迹，应当加以保护并及时报告有关部门，根据上级指示进行开发和保护，以免对文化古迹造成不可挽回的影响。

六、野生动植物保护法

（一）野生动物保护法律制度的主要内容

1. 野生动物权属制度

野生动物资源属国家所有。国家保护依法开发利用野生动物资源的单位和个人的合法权益。

2. 野生动物保护制度

(1)珍贵、濒危的野生动物重点保护

国家重点保护的珍贵、濒危野生动物可分为两级，即国家一级保护动物和国家二级保护动物。国家重点保护的野生动物名录及其调整，由国务院野生动物行政主管部门制定和决定，报国务院批准公布。地方重点保护野生动物，由省级人民政府自行公布并报国务院备案。

(2)有益的或者有重要经济、科学研究价值的陆生野生动物保护

国家保护的有益的或者有重要经济、科学研究价值的陆生野生动物名录及其调整由国务院野生动物行政主管部门制定并公布。

(3)野生动物生境保护

国务院野生动物行政主管部门和省级人民政府,应当在国家和地方重点保护野生动物的主要生息繁衍的地区和水域,划定自然保护区,加强对国家和地方重点保护野生动物及其生存环境的保护管理。各项野生动物行政主管部门应当监视、监测环境对野生动物的影响。

3.野生动物管理制度

(1)猎捕野生动物许可证

国家禁止猎捕、杀害国家重点保护野生动物。捕捉、捕捞国家一级保护野生动物,必须向国务院野生动物行政主管部门申请特许猎捕证。猎捕国家二级保护野生动物,必须向省级政府野生动物行政主管部门申请特许猎捕证。猎捕非国家重点保护野生动物,必须取得狩猎证。

(2)野生动物收购、经营、运输、出口许可证

禁止出售、收购国家重点保护的野生动物及其产品。经营野生动物及产品,必须持有许可证。

(二)野生植物保护法律制度的主要内容

1.野生植物权属制度

野生植物资源属国家所有,任何单位和个人都有权对侵占或者破坏野生植物及其生长环境的行为进行检举和控告。

2.野生植物保护制度

(1)重点保护野生植物

按照野生植物的珍贵性和稀有程度,国家重点保护野生植物可以按等级划分,可以分为国家一级野生植物和国家二级野生植物。国务院林业行政主管部门、农业行政主管部门应商同国务院环境保护、建设等有关部门制定国家重点保护野生植物名录,报国务院批准公布;省、自治区、直辖市人民政府制定和公布地方重点保护野生植物名录,报国务院备案。

(2)野生植物生境保护

对于重点保护野生植物物种和地方重点保护野生植物物种生存比较集中的天然分布区,国家应该依法设立自然保护区加以保护;野生植物行政主管部门及有关部门应该根据重点保护野生植物物种的生长特点采取相应的措施,设置监视、检测机构,保护重点保护野生植物的生存环境和生长条件。如果有项目的建设不利于重点保护野生植物的生长和繁衍,相关建设单位

必须在向上提交的环境影响评价报告书中对具体情况以及有可能造成的影响作出评价。

(3)建立野生植物资源档案

野生植物行政主管部门应定期组织国家重点保护野生植物和地方重点保护野生植物资源调查,建立野生植物资源档案。

3.野生植物管理制度

(1)重点保护野生植物采集许可

从原则上来说,国家保护野生植物是任何单位和个人严禁采集的,但如果有特殊的原因,需要对其进行适当采集的,必须向国务院、省级人民政府野生植物行政主管部门或者授权的机构、申请,经批准后发放采集证才可采集,并且在采集时不能对其他珍贵野生植物造成破坏。

(2)野生植物的收购、销售管理

任何单位和个人禁止出售、收购国家一级保护野生植物;出售、收购国家二级保护野生植物的,必须经省级人民政府野生植物行政主管部门或者其授权的机构批准;外国人不得在中国境内采集或者收购国家重点保护野生植物。

(3)重点保护野生植物进出口许可

进出口国家重点保护野生植物或者进出口中国参加的国际公约所限制进出口的野生植物,必须取得国家濒危物种进出口管理机构核发的允许进出口证明书或者标签。但未定名的或者新发现并有重要价值的野生植物,禁止出口。

第三节 生态空间保护法问题研究

生态学中的生态空间(ecological space)意指任何生物维持自身生存与繁衍都需要的一定的环境条件,一般把处于宏观稳定状态的某物种所需要或占据的环境总和称为生态空间。环境法中的生态空间是指由特定区域的文化、物理环境诸因素组成的生物存在空间。生态空间既包括人文生态环境,也包括一定的外部空间环境。

一、人文生态环境保护法

人文生态环境是指体现人类社会的各种文化现象的生态环境。法律上的人文生态环境是指由法律列举的、受法律保护的、与人类社会文化现象相关的生态环境，主要包括风景名胜区、历史遗迹地等人为划定的环境区域。

（一）保护风景名胜区的法律规定

1. 风景名胜区的概念

环境法所称的风景名胜区是指依法划定并加以特殊保护的，具有观赏、文化或科学价值，自然景观、人文景物比较集中，环境优美，具有一定规模和范围，可供人们游览、休息或进行科学、文化活动的区域。划定及保护风景名胜区是保护和改善环境的一个重要方式，保护风景名胜区，对于维护国土风貌、优化生态环境等都具有重要的意义。

2. 风景名胜区保护的主要法律规定

（1）设立风景名胜区的条件

《风景名胜区条例》第 2 条规定：本条例所称风景名胜区，是指具有观赏、文化或者科学价值，自然景观、人文景观比较集中，环境优美，可供人们游览或者进行科学、文化活动的区域。

（2）关于风景名胜区分级保护的规定

按景物的观赏、文化、科学价值和环境质量、规模大小、游览条件等，风景名胜区可划分为两级：

①国家级风景名胜区，由省、自治区、直辖市人民政府提出风景名胜资源评价报告，报国务院审定公布。

②省级风景名胜区，由市、县人民政府提出风景名胜资源调查评价报告，报省、自治区、直辖市人民政府审定公布，并报有关部门备案。

（3）有关制定风景名胜区规划的规定

各级风景名胜区主管部门，应当在所属人民政府领导下，组织编制风景名胜区规划。

（二）保护人文遗迹的法律规定

1. 人文遗迹的概念

人文遗迹或称人文遗迹地，又称文化遗迹（地），历史文化遗迹（地），是指具有重大历史、文化、艺术、教育、科学、观赏价值的经过人工改造的自然因素，包括各种古文化遗址、古建筑、古墓葬、石窟寺和石刻、壁画，与重大历史事件、革命运动和著名人物有关的具有重要纪念意义、教育意义和历史价值的建筑物、遗址、纪念物。

2.保护作为文物的人文遗迹的法律规定

文物是文化遗产的重要组成部分，蕴含着民族特有的精神价值、思维方式、想象力，体现着民族的生命力和创造力。保护和利用好文物，对于继承和发扬民族优秀文化传统，增进民族团结和维护国家统一，增强民族自信心和凝聚力，促进精神文明建设，具有无比重要的意义。

3.保护人文遗迹丰富的历史文化名城（镇、村）的法律规定

历史文化名城（镇、村）是指保护文物特别丰富，具有重大历史价值、革命意义的城市（镇、村）。历史文化名镇名村的研究和利用价值很高，它们可以反映中国不同地域、不同民族、不同经济社会发展阶段聚落形成和演变的历史过程，真实记录了传统建筑风貌、优秀建筑艺术，传统民俗民风和原始空间形态。历史文化名城、名镇、名村是宝贵的不可再生的文化资源，是我国文化遗产的重要组成部分。切实保护好这些文化遗产，对传承、发展中华文明，增强中华民族凝聚力，实现中华民族的伟大复兴，将起到不可估量的作用。

现行法律规定，根据具体城市的历史、科学、艺术价值，历史文化名城分为两级，即国家级历史文化名城和省、自治区、直辖市级历史文化名城，前者由国务院公布，后者由省、自治区、直辖市人民政府公布。1982 年、1988 年、1994 年、2013 年，国务院先后公布了四批《国家历史文化名城名单》，截至 2013 年 9 月，国务院已审批的历史文化名城共有 122 座。1982 年《文物保护法》将历史文化名城纳入保护范围，《文物保护法》在 2002 年修订时将历史文化街区、村镇纳入保护范围。《文物保护法》《城乡规划法》等均明确有历史文化名城、名镇、名村保护制度，并确定由国务院制定保护办法。2008 年 7 月 1 日，国务院正式颁布实施《历史文化名城名镇名村保护条例》。有关历史文化名城（镇、村）保护的法律规定主要有以下几点。

（1）关于历史文化名城（镇、村）的管理体制

国务院建设主管部门会同国务院文物主管部门负责全国历史文化名城、名镇、名村的保护和监督管理工作。地方各级人民政府负责本行政区域历史文化名城、名镇、名村的保护和监督管理工作。

（2）制定历史文化名城（镇、村）保护规划

历史文化名城的保护规划应能反映其特定性质，并将保护规划纳入城市总体规划。保护规划要注意保护文物古迹及具有历史传统特色的街区，保护城市的传统格局和风貌。各项开发建设必须符合保护规划的要求，规

划确定的有关控制指标，必须严格执行。

(3)划定历史文化保护区

对一些文物古迹比较集中，或能较完整地体现出某一历史时期的传统风貌和民族地方特色的街区、建筑群、小镇、村寨等，也应予以保护。各省、自治区、直辖市或市、县人民政府可根据它们的历史、科学、艺术价值，核定公布为当地各级"历史文化保护区"。对"历史文化保护区"的保护措施可参照相关文物保护单位的做法，重点保护整体风貌、特色。

(4)对历史文化名城(镇、村)的建设管理

在进行历史文化名城建设时，要求对集中反映历史文化的老城区、古城遗址、文物古迹、名人故居、古建筑、风景名胜、古树名木等，采取有效措施，严加保护，禁止乱占、乱拆、乱挖、乱建，绝不能因进行新的建设使其受到损害或任意迁动位置。要在这些历史遗迹周围划出一定的保护地带，对该范围内的新建、扩建、改建工程采取必要的限制措施。

(5)对在历史文化名城发展生产、旅游事业的管理

在历史文化名城发展生产，必须对生产项目进行严格的选择。过去在市区已经建成的工矿企业或其他单位，凡三废污染严重的，要限期治理，危害特别严重的，要结合经济调整，实行关停并转或搬迁；正在建设的工程，凡是有损于这些名城保护的，要妥善处理，对非法占用文物古迹、风景园林，不利于文物安全和妨碍旅游开放的，不论涉及哪个部门、单位，都应限期迁出。兴建旅游设施，要适应历史文化名城的特点，不要破坏名城风貌。

二、自然保护区法

(一)自然保护区概述

自然保护区，是指与国家自然公园、风景名胜区、历史文化遗迹相区别，以自然保护和科学研究为目的而划定的自然区域。

建立自然保护区是保护自然环境和自然资源、防止生态破坏的一种有效途径。建立、保护自然保护区具有诸多功能：它能提供生态系统的天然"本底"；它是动植物和微生物物种及其群体的天然贮存库；它是活的自然博物馆；它有助于保护环境，保持生态平衡，如有助于水土保持、调节地方气候及有利于生物的栖息、繁衍等。

(二)我国自然保护区的立法现状

建立自然保护区是国家自然保护事业的重要组成部分，它既是环境问

题，也是重大的经济、社会问题，自然保护区的建设、发展必须与经济、社会发展相协调。

《自然保护区条例》第 4 条规定："国家采取有利于发展自然保护区的经济、技术政策和措施，将自然保护区的发展规划纳入国民经济和社会发展计划。"

建立自然保护区，从长远来说，它将因保护自然资源而促进经济发展，但它在短期内往往没有什么经济效益，甚至往往还与当地人民群众的生产、生活产生不少矛盾。因此，《自然保护区条例》第 5 条规定："建设和管理自然保护区，应当妥善处理与当地经济建设和居民生产、生活的关系。"各地在落实这一规定上，积累了一些有益经验。例如发展生态旅游业，吸收因建立自然保护区而产生的剩余劳动力，以及发展特种经济动植物的驯养和栽培，等等。

（三）自然保护区的建设

1. 自然保护区建设的基本原则

坚持生态、社会、经济三大效益相统一；坚持就地保护为主、迁地保护为辅；坚持统筹规划、合理布局、突出重点、分步实施；坚持政府主导、多方参与、共同保护；坚持统筹兼顾，使保护事业与当地经济社会协调发展；坚持立足国情，借鉴国际经验，创新保护机制。

2. 关于自然保护区分区保护的规定

为了对自然保护区实行有效保护和科学管理，使整个自然保护区发展成为以保护为根本目的，并结合科学实验、参观旅游的基地，需要将自然保护区进行功能分区。只有这样，才能使自然保护区与当地的经济建设和人民生活的提高密切结合起来，同时也摆脱了传统保护区消极保护的做法，使自然保护区发挥出多种功能。

三、自然灾害防治法

在现代社会，随着人口的快速增长和社会的发展，人类活动对自然灾害的影响越来越大。灾害已经不能仅仅被看成是一种自然现象，其更多地与人类的破坏生态环境的行为息息相关，是人为因素和自然因素相互作用的结果，甚至有一些是人为因素直接导致的。这些灾害对人类造成的损失越来越大，成为对环境安全保障的严重挑战，只有制定完善的防灾减灾法律，利用法律的强制性和规范性才能做好防灾减灾工作。防洪工作必须在强调统一规划管理的前提下,明确保护范围,落实分工负责制。

（一）防洪法

洪水是指由暴雨或急骤融冰化雪、水库垮坝等引起江河水量迅速增加,水位急剧上涨的自然现象。影响洪水特性的主要自然因素是流域气候条件、下垫面地形、地质、地貌等。洪水能否造成灾害,与人类社会经济活动有密切关系,只有当洪水威胁到人类安全和影响社会经济活动并造成损失时才能成为洪灾。因此,洪水灾害的形成是自然因素和社会因素综合作用的结果。洪水灾害历来是我国最严重的自然灾害之一。由于季风导致的多暴雨气候特征和地势西高东低落差大的地理特征,我国洪水灾害频繁。我国历来十分重视防洪。中华人民共和国成立后,发布了《中华人民共和国防汛条例》《中华人民共和国河道管理条例》《蓄洪区安全与建设指导纲要》等行政法规和文件。1997 年 8 月第八届全国人大常委会第二十七次会议通过并颁布了《防洪法》,将防洪工作进一步纳入法制化的轨道,是我国防治洪灾的一部基本法律。其内容包括总则、防洪规划、治理与防护、防洪区和防洪工程设施的管理、防汛抗洪、保障措施、法律责任和附则,共八章 66 条。立法体现了防洪工作的预防为主、严格规划管理、防汛与抗旱相结合、工程措施与非工程措施相结合等原则,主要法律制度包括以下方面。

1. 规划制度

防洪工作关系着千百万人民生命财产安全,且覆盖大江大河及其流域广大地区,既要有主管部门的统一领导,又要有各方面的密切配合;既要有紧急情况下的应对措施,又要有长期的建设与部署。因此,该工作特别强调严格规划管理,这使防洪法带有鲜明的公法色彩。防洪法总则之后紧接着的就是防洪规划的专章,可见其地位之重要。防洪规划是指为防治某一流域、河段或者区域的洪涝灾害而制定的总体部署,是江河、湖泊治理和防洪工程设施的基本依据。防洪规划制度主要涉及三方面具体的规定。

(1)防洪规划保留区制度

所谓防洪规划保留区,是指经防洪规划确定,依法批准划定并公告的河道整治计划用地和规划建设的堤防用地范围内的土地。

(2)规划同意书制度

规划同意书是指水行政主管部门对防洪工程和其他水工程、水电站的可行性研究报告进行审查,对于符合防洪规划的要求者予以同意签署的法定程序。

(3)占用河道审批管理制度

河道是行洪的通道,如果发生堵塞、淤积,会降低蓄洪能力,致使汛期行洪不畅,加重汛情。针对一些地方随意占用河道的行为,如跨河、穿河、临河工程设施的建设占用河道不按规定审批,甚至在河道内修建工厂和住宅,使行洪河道在紧急情况下难以启用,从而严重影响行洪的情况,防洪法加大了对占用河道的管理力度,规定占用河道应当符合国家规定的防洪标准、岸线规划等技术要求,其可行性研究报告按照国家规定的基本建设程序报请批准前,其中的工程建设方案应当经水行政主管部门审查同意;占用河道时,由水行政主管部门确定跨越的河道空间和穿越的河床位置。

2.经济责任与义务制度

防洪工作涉及经济全局的重大利益和诸多方面的具体利益,因此,在强调带有强烈行政色彩的规划管理的同时,也要特别重视发挥公平原则和经济手段的作用,这也是防洪法由行政法规上升为法律的重要标志。经济责任主要体现国家或政府的职能,而经济义务则主要体现民事法律调整的功能。防洪法中的经济责任与义务制度主要包括以下两个方面。

(1)蓄滞洪区的安全建设管理与补偿、救助制度

蓄滞洪区是指包括分洪口在内的河堤背水面以外临时贮存洪水的低洼地区及湖泊等,是防洪体系的重要组成部分。蓄滞洪区往往有人口居住,因此,首先要加强此区域的安全建设管理。防洪法规定,有关的地区和部门应按照防洪规划的要求,制定安全建设计划,控制蓄滞洪区人口增长,有计划地组织外迁,并采取其他必要的安全保护措施。其次,由于蓄滞洪区是为了确保全局而作出牺牲,政府有责任对其予以扶持和补偿、救助,作为蓄滞洪的受益者也应有这方面的义务,防洪法对这类责任和义务作出了明确规定。

(2)防洪投入由政府和受益者共同合理承担的制度

防洪需要大量的财产投入,这种投入一方面具有国家履行职能的性质,另一方面也有特定地区和部分民事主体直接受益的性质,因此,对这种投入的负担理应由政府和直接受益者共同合理承担。

(二)防震减灾法

地震是指地壳快速释放能量过程中造成的震动。地震分为天然地震(主要指构造地震,即岩层断裂引起的地震和火山地震)和诱发地震(主要分为水库蓄放水和抽注液诱发的地震)。我国的地震绝大多数是构造地震,其产生的强度一般较大,波及的范围广,造成的损失严重;水库地震、矿震等诱发性地震较少发生,且一般产生的强度小,造成的损失亦相对较小。

1997年12月第八届全国人大常委会第二十九次会议通过，并于1998年3月1日起施行的《中华人民共和国防震减灾法》(该法于2008年修订，以下简称《防震减灾法》)，适应了防震减灾工作系统工程的需要，规范了政府及有关部门在防震减灾工作中的权力、职责，以及社会团体及公民个人在防震减灾工作中的权利和义务，将我国防震减灾工作进一步纳入法制化轨道，是防震减灾工作的基本法律依据。该法共九章93条，分为总则、防震减灾规划、地震监测预报、地震灾害预防、地震应急救援、地震灾后过渡性安置和恢复重建、监督管理、法律责任和附则。主要内容包括以下方面。

1.防震减灾工作的基本方针

防震减灾法确认了中华人民共和国成立以来我国防震减灾工作的成功经验，以立法的形式使之上升为防震减灾工作的基本方针和法律原则，主要包括：预防为主、防御与救助相结合的方针；统一规划、加强领导、分工负责的方针；依靠科技提高防震减灾工作水平的方针。这些基本方针和原则体现了现代社会经济、科技、法治对防震救灾工作的客观要求，体现了我国社会主义制度的优越性，是防震减灾工作法制化的核心，也是解决当前防震减灾工作存在问题的关键所在。

2.地震监测预报制度

地震灾害不同于一般其他自然灾害的特征之一是预测困难，而错误的预测一方面会造成人们因缺少对地震的防御准备而遭受重大损失，另一方面会造成人心恐慌，影响社会的安定和经济的发展，因此，加强对地震的监测，科学和准确地发布地震预报，是防震减灾的首要任务，必须严格予以规范。监测预报是防震减灾工作的基础。关于地震监测预报方案的制定与实施，防震减灾法规定，全国和地方的地震监测预报方案的制定与实施分别由国务院和省级地震行政主管部门负责；并对地震重点监视防御区的确定、建立震情跟踪会商制度、地震监测台网的建设和管理、地震监测设施的保障和地震预报的发布等事项作出明确规定。

3.地震灾害预防制度

地震灾害不同于其他自然灾害的另一显著特点是，有些自然灾害一旦人们能够准确预测，就能够在很大程度上予以消除或避免其发生，如洪水、滑坡等，而地震灾害即使人们能够准确地预测出来，也不能消除或避免其发生，这就是说，地震的发生更具有不可抗拒性，人们在对其做出准确预测之后，接下来最应当做的就是如何预防其灾害后果。防震减灾法将地震灾害预防制度紧随地震监测预报制度加以规定，是有科学道理的，也体现了对地震灾害更应强调预防为主的重要意义。

4. 地震应急制度

地震应急制度是指法律规定的，针对破坏性地震灾害发生时的各种紧急情况而制定的应对方案和规则。如果说前面三项制度主要的功能是防御地震，这项制度则是减轻地震灾害的首要制度。所谓破坏性地震，是指造成人员伤亡和财产损失的地震灾害。地震应急制度的目的就是针对地震灾害具有的突发性特点，预先制定紧急情况发生时的应对方案，以及实施应对方案的规则，在面对破坏性地震突发时做到处变不惊、临危不乱，迅速、有效地开展抗震抢险的各项工作。地震应急制度是建立快速反应机制的前提，对于减少人员伤亡和经济损失以及防止灾害的扩大有着十分重要的作用。我国防震减灾法规定了各级有关部门制定破坏性地震应急预案的主要内容和程序，规定了进入临震应急期和严重破坏性地震发生后实施地震应急预案的基本要求，以及震情灾情公告和地震灾害损失调查、评估制度。

5. 震后救灾与重建制度

震后救灾与重建制度是防震减灾工作的末端环节，但却是最直接与人民生命财产和经济建设相联系的环节。这项制度的基本目的在于保证震后救灾与重建工作高效、有序地进行，迅速、全面地消除地震灾害造成的破坏后果，恢复正常的生产和生活秩序。防震减灾法规定了震后救灾与重建实行自救与互救相结合、国家统筹安排救灾资金和物资的原则，规定了地方人民政府及其有关部门在救灾工作中的职责，单位和个人在震后救灾与重建过程中必须遵守的规则，以及震后救灾与重建其他重要事项的基本要求。

（三）防沙治沙法

土地沙化，是指主要因人类不合理活动所导致的天然沙漠扩张和沙质土壤上植被及覆盖物被破坏，形成流沙及沙土裸露的过程。土地沙化是环境退化的标志，是环境不稳定的正反馈过程。所谓的沙化土地，包括已经沙化的土地和具有明显沙化趋势的土地。防沙治沙是我国当前防治自然灾害的重要任务。

2001 年 8 月 31 日第九届全国人大常委会第二十三次会议通过，并于 2002 年 1 月 1 日起施行的《中华人民共和国防沙治沙法》，适应防沙治沙工作系统工程的需要，规范政府及有关部门在防沙治沙工作中的权力、职责，以及社会团体及公民个人在防沙治沙工作中的权利和义务，将我国防沙治沙工作进一步纳入法制化轨道，是防沙治沙工作的基本法律依据。

防沙治沙法总结我国多年来开展防沙治沙工作取得的宝贵经验，是针对我国的现实国情而提出的。防沙治沙法也明确规定了在国务院领导下，由国务院林业行政主管部门负责组织、协调、指导全国防沙治沙工作。

1. 防沙治沙规划

我国的防沙治沙工作任务艰巨，北方大部分地区都面临着严重的土地沙化威胁，为了协调好各方面的活动，明确各自的任务和目标，防沙治沙要实行统一规划。从事防沙治沙活动，以及在沙化土地范围内从事开发利用活动，必须遵循防沙治沙规划。防沙治沙规划应当对遏制土地沙化扩展趋势，逐步减少沙化土地的时限、步骤、措施等作出明确规定，并将具体实施方案纳入国民经济和社会发展五年计划和年度计划。

防沙治沙法详细规定了各级行政机关编制防沙治沙规划的权限分工，指出了编制规划的依据，并强调防沙治沙规划应当与土地利用总体规划相衔接，防沙治沙规划中确定的沙化土地用途，应当符合本级人民政府的土地利用总体规划。

2. 土地沙化的预防与治理

为了贯彻预防为主、防治结合、综合治理的原则，防沙治沙法规定了各级国家行政机关对土地沙化情况的监测报告制度。

预防土地沙化的措施主要包括保护土地植被，加强草原的管理和建设，合理利用水资源，限制土地开垦和移民等。

沙化土地的治理是与预防结合在一起的，是解决我国国土已经出现大面积沙化问题的必然选择。沙化土地所在地区的地方各级人民政府，应当按照防沙治沙规划，组织有关部门、单位和个人治理已经沙化的土地。

防沙治沙需要大量的人力、物力和财力，必须依法保障防沙治沙者的合法权益。各级国家机关应当制定优惠政策，鼓励和支持单位和个人防沙治沙，并对沙化防治的科学研究与技术推广给予资金补助、税费减免等政策优惠。

参考文献

[1]苑银和.环境正义论批判[M].北京:法律出版社,2018.

[2]高晓露.环境法学总论[M].大连:大连海事大学出版社,2017.

[3]吕忠梅.环境法[M].北京:高等教育出版社,2017.

[4]胡德胜.环境与资源保护法学[M].西安:西安交通大学出版社,2017.

[5]张君明.环境法与生态文明建设[M].长春:吉林大学出版社,2017.

[6]竺效.环境法入门笔记[M].北京:法律出版社,2017.

[7]徐祥民.常用中国环境法导读[M].北京:法律出版社,2017.

[8]赵哲伟.环境资源法学[M].北京:对外经济贸易大学出版社,2017.

[9]吴婧,张一心.环境与资源保护法[M].北京:化学工业出版社,2017.

[10]蔡文良,谢艳云.环境管理与法规[M].成都:西南交通大学出版社,2017.

[11]史学瀛.环境法案例教材[M].天津:南开大学出版社,2017.

[12]李砚博,魏冬云.环境责任问题研究[M].长春:吉林人民出版社,2017.

[13]穆治霖.环境立法利益论[M].武汉:武汉大学出版社,2017.

[14]冯汝.环境法私人实施研究[M].北京:中国社会科学出版社,2017.

[15]曹明德.环境与资源保护法[M].北京:中国人民大学出版社,2016.

[16]高桂林,陈云俊.环境法实训教程[M].北京:法律出版社,2016.

[17]周珂,谭柏平,欧阳杉.环境法[M].北京:中国人民大学出版社,2016.

[18]孙明烈,肖彦山.污染防治法基本制度研究[M].青岛:中国海洋大学出版社,2016.

[19]吕志祥,白小平,乔煜.新环境法与区域生态建设研究[M].北京:光明日报出版社,2016.

[20]李集合,李军波.环境法适用的理论、实践与欧盟经验[M].北京:人民法院出版社,2015.

[21]屈振辉.伦理学视域中的现代环境法[M].长沙:中南大学出版社,2015.

[22]丰晓萌.环境法学理论与实务研究[M].北京:中国水利水电出版社,2015.

[23]杨帆,任洋,余冬梅.生态法专题研究[M].北京:中国政法大学出版社,2015.

[24]黄锡生.环境与资源保护法学[M].重庆:重庆大学出版社,2015.

[25]郭濂.生态文明建设与深化绿色金融实践[M].北京:中国金融出版社,2014.

[26]陶良虎,刘光远,肖卫康.美丽中国:生态文明建设的理论与实践[M].北京:人民出版社,2014.

[27]王舒.生态文明建设概论[M].北京:清华大学出版社,2014.

[28]赵云芬.环境法[M].北京:中国政法大学出版社,2014.

[29]罗丽.环境法教程[M].北京:中国法制出版社,2014.

[30]宋英.国际环境法[M].北京:中国环境科学出版社,2014.

[31]李庆保.环境法体系解说与实例解析[M].北京:对外经济贸易大学出版社,2014.

[32]余杰.生态文明概论[M].南昌:江西人民出版社,2013.

[33]秦天宝.环境法:制度·学说·案例[M].武汉:武汉大学出版社,2013.

[34]陈泉生.环境法[M].厦门:厦门大学出版社,2013.

[35]冯嘉.环境法原则论[M].北京:中国政法大学出版社,2012.

[36]史玉成,郭武.环境法的理念更新与制度重构[M].北京:高等教育出版社,2010.

[37]李爱年,李慧玲.环境与资源保护法[M].杭州:浙江大学出版社,2008.

[38]刘爱军.生态文明与环境立法[M].济南:山东人民出版社,2007.

[39]张梓太.环境法律责任研究[M].北京:商务印书馆,2004.

[40]常纪文.环境法律责任原理研究[M].长沙:湖南人民出版社,2001.

[41]梁一凡.论我国环境立法的必要性及完善[J].时代报告,2018(4).

[42]方亚璐.浅析我国环境立法之局限性[J].法制与社会,2017(34).

[43]陈丹.浅谈环境立法创新[J].科技展望,2017(15).

[44]李晓雨,蔡尔琪.论环境法律责任[J].法制博览,2015(18).

[45]张子玉.中国特色生态文明建设实践研究[D].吉林大学,2016.

[46]李红林.环境伦理与环境法的生态化转向[D].江西理工大学,2012.

[47]庄超.环境法律责任制度的反思与重构[D].武汉大学,2014.